ガマの油売りも
ドラッガーも
思わずうなる!?

アキバ発！

売《バイ》の極意

実演販売のプロが教える
古くて新しい
「超絶の販売術」
その5つの極意！

実演販売士
吉村泰輔

健康ジャーナル社

ブックデザイン　小田直司（nana graphics）
イラスト　わたなべじゅんじ

「実演口上」ご披露

こんにちは、実演販売士の吉村泰輔と申します。まずはさておき、私が実際に実演販売のときにお客様に申し上げる商品紹介、いわゆる「実演口上」をご披露いたします。ちなみに、実演口上のことを業界用語で「卓《たく》」、実演販売することを「卓を打つ」といいます。

私がこれから紹介する商品は、いろいろな商品を販売してきた中でも私の代表作といっていいものです。テレビ通販では、1日で6500万円売った実績があります。

では、卓を打つにあたって皆さんにちょっとイメージしていただきましょう。

私が呼ばれていった場所は多層階のホームセンター。卓を打つ場所は、下りエスカレーター前のちょっとした空きスペースです。商品名の書かれたパネルボードを背にして私が立っています。ちなみにこれが私。

エプロン姿の私の前には、6尺（180cm×90cm）の長テーブルが置かれており、何人かのお客様がその売台の前を通り過ぎていきます。テーブルの上には商品やら道具やらが載っている様子。ひとりのお客様が立ちどまり、私に「何をやっているのだろう?」という視線を送っています。はい、私の声が聞こえてきましたよ。

次ページからの実演口上、まずは上段の文章だけ目を通してみてください。次は下段の私の動きにも注意しながら読んでみてください。細かな説明はのちほど。

それでは、どうぞ。

＊スマートフォンやiPadなど動画が見られる端末で実演口上を見ることができます。
＊動画とは内容が若干異なります。

【1】

……ほら、見てください。こんな頑固な汚れがこんなにキレイになっちゃうんです。なのにこの洗剤、口に触れても平気！

これですね、界面活性剤、酸、リンなどの有害物質が一切入っていない、水から生まれた電解アルカリイオン水１００％のクリーナーなんです。ですから、手荒れ、肌荒れが非常にしにくいので、奥様方、うれしいですよね。しかも洗剤独特の嫌なニオイがしません。もちろん人体や環境に対する安全性も確認済みですから、ちょっと口を見ててください。口に触れても平気です。

このように正真正銘、水１００％でできている洗剤が、本日ご紹介する「超電水クリーンシュ！シュ！」なんです。

ただ、水でできていると汚れ落ちが悪いんじゃないか

---

1 【序】

目 使用前使用後を見せる

体 洗剤を口の中に吹きつける

＊「空白」の提示

耳 数字を交えて説明する

体 手に吹きつける、手についた洗剤のニオイを嗅ぐ

体 洗剤を口の中に吹きつける

耳 数字を交えて商品紹介

って心配になりますよね。いま頷いていただいたお客様、どうもありがとうございます。じつは、私も最初そう思っていました。そこでまず泡の出る洗剤と比較して洗浄力テストをしてみたいと思います。噛みつきゃしないので、ちょっと前のほうに来てください。

こちらをご覧ください。白いタイルに黒の油性ペンで落書きをします。もちろんよい子は真似しないでくださいね。書いたばかりだとすぐに取れちゃって実験にならないのでよーく乾かします。はい、触ってください。頑固についてますよね。

それでは泡の出る洗剤をかけてみましょう。これ有リン無リンのリンを使っている何とかリン。日本で一番売れている洗剤です。もちろん洗剤ですから擦《こす》れば取れるんですが、何もしないとそのまんま上滑りするだけ。従来の洗剤は油でできているので、擦るという面倒な手間

---

*相手に合わせて親近感を得る

*陣寄せ＝客を手前に寄せる。客が客を呼び人垣ができ始める

*客とのやりとりで親近感を得る

体 汚れを触らせて確認

目 従来の洗剤の泡が汚れに上滑りするところを見せる

が必要なんです。そこで「超電水クリーンシュ！シュ！」。私からいわせると、水でできているからこそ、汚れ落ちがいいんですね。見てください、かけたその瞬間に汚れが剥《は》がれてくるのがわかりますか？　これは、油よりも水のほうが分子の大きさが小さいので、汚れに対する浸透力が強いんですね。ですから、かけた瞬間に汚れが取れる。つまり、擦るという面倒な手間がいらないんです。

このように、「超電水クリーンシュ！シュ！」は、水なのに泡の出る洗剤と同等、もしくはそれ以上の洗浄力があるんです。すごいでしょ。

ここでいままで我々を育ててくれた全国のお母さんに感謝を込めて申し上げたいと思います。おかあさん！もう手荒れ、あかぎれ気にせずに洗剤を使うことができるんですよ。なんと女性の手から生活感がなくなるんです。うれしいですよね。

目 比較して違いを見せる

耳 分子など理化学情報に言及し理由を説明

★客のこれまでの苦労をねぎらい自己重要感を高める

*仮説という空白を提示

でもなんで水で汚れが取れるのか。不思議だと思うんですね。私もとっても不思議でした。

【2】

そこでこちらをご覧ください。噛みつきゃしないので前のほうに来てください。「買う」、「買わない」は抜きです。

これ、油です、ごま油。ステンレスパットの上にごま油を二つ垂らしました。そこでもう理解していただきたいのは、20世紀の洗剤というのは植物系であろうが石油系であろうが油でできているんです。油と油ですから、ほらよくなじむでしょ。これを乳化作用といいます。

油で油汚れを取るのが20世紀の洗剤です。ただ、油をそのまま海や湖に流すとお魚さんが死んじゃうでしょ。ですから油からできている洗剤も環境によくないといわれています。

2【破】

*陣寄せ。第一陣を作る

目油と従来の洗剤を混ぜて乳化するところを見せる

■悪人登場(従来の洗剤)

そこで21世紀の洗剤。こちらは水でできております。こちらのフリップをご覧ください。蛇口をひねると出てくる水道水はｐｈ《ペーハー》値７・０の中性のお水です。それを日米の特許製法によりましてｐｈ値12・５までアルカリ度を上げたお水が「超電水クリーンシュ！シュ！」なんです。そうすると飲料用というよりは除菌洗浄用のお水になるんです。

普通、水と油は仲良くないでしょ。ですから、水で油汚れは取れないはずです。ですが、水が除菌洗浄用になると何が起きるかというと、見てください、水と油が分離しないでキレイに混ざり合うことができるんです。これを石けんの「鹸《けん》」と書きまして、鹸化作用といいます。ですから、水なのに石けんや合成洗剤と同じように油を分解できるようになったんです。

ただ、ここまでは取れ方からいうと20世紀の洗剤と同

■正義の味方登場（新洗剤）

耳フリップに数字。理化学的な根拠を説明

目油と新洗剤を混ぜて鹸化するところを見せる

じです。違いはここからです。水ですすぎます。20世紀の洗剤は油でできているので非常にすすぎにくい。余計に水を使います。そこで「超電水クリーンシュ！シュ！」。水でできていますから、見てください、すごいでしょ、すすぎがなんと一回で済むんですね。

じつは「超電水クリーンシュ！シュ！」、とても使い勝手のいい洗剤なんですね。先ほど油性ペンで見ていただいたように、擦る面倒な手間がいらなくて、二度拭き三度拭き不要、しかもすすぎが一回で済む。もう掃除に筋肉いらないんですね。力の弱い女性の方にはラクラク。掃除が楽しくなります。

さらに20世紀の洗剤と違うのは、「超電水クリーンシュ！シュ！」は洗浄だけじゃないんです、除菌もできるんです。

■悪人と正義の味方の違い①

目 すすぎをして違いを見せる

体 使い勝手や身体に言及。楽なことをアピールする

■悪人と正義の味方の違い②

こちらのフリップをご覧ください。日本食品分析センターで調べた結果、大腸菌、サルモネラ菌、O－157をわずか30秒から1分で瞬間除菌してしまうんです。

じつは人間にとってみると水なのですけど、雑菌にしてみるとｐｈ値12・5のアルカリの世界というのは生体圏をはるかに超えているんですね。ですから、水で除菌ができるんです。だったらいいじゃないですか、いままで気になるけど除菌できなかったところに使えるんです。

たとえば、歯ブラシ。みなさん、歯ブラシってどうお手入れしていますか。歯を磨いたあと水洗いだけですよね。それだけだと歯ブラシの下に黒い汚れがつきます。これはれっきとしたカビです。歯ブラシは口の中を洗うものです。一番衛生的にしておきたいところが不衛生じゃあ、具合がよくないですね。ただ、化学兵器みたいな薬品で歯ブラシは洗いたくないでしょ。そこで水で洗浄

耳 データをもとに理化学的な根拠を説明

体 体に直接触れる道具について言及し、気持ち悪さを喚起し安全性をアピールする

除菌しましょう。シュッとかけたらもみ洗い、唾液のニオイがしてきたら水洗い。これでOK、安心して歯ブラシのお手入れができます。最近、電動歯ブラシの替えブラシは高いですからぜひやってみてください。

このように、水で洗浄も除菌もできる「超電水クリーンシュ！シュ！」。ここまで私の話を聞いてくださった方は、間違いなく本当にエコロジーの意識の高い方。未来を担う子供たちのために、責任ある行動をとれる方とお見受けしました。

だって、「超電水クリーンシュ！シュ！」、環境に対する負荷はゼロですからね。まさに洗剤の最終形、21世紀のクリーナーなんですね。

そこで皆さん、私と一緒にその21世紀を実感しようではありませんか！

★客を褒め、存在価値を認めることで自己重要感を高める

■正義という名の未来を示す

*結果・ゴールを共有し同志になる

［3］

そこで、水で洗浄も除菌もできるようになったんですから、「超電水クリーンシュ！シュ！」、従来の泡の出る洗剤と比べると洗浄除菌できる範囲が格段に広がって、より多目的になったんですね。特に泡の出る洗剤では洗えないのだけども水では取れない汚れがついているところに効果テキメンなんですね。

そこで地球を愛してやまないお客様を励まさんがために、「超電水クリーンシュ！シュ！」ならではの使い方を皆さんに三つご紹介しましょう。

この三つの使い方さえ覚えておけば、この「超電水クリーンシュ！シュ！」、どなたでも上手に使えます。どうぞ後ろの方も噛みつきゃしないのでもうちょっと前のほうに来てください。「買う」、「買わない」は抜きです。

3【急】

＊方法や法則を抽出して商品コンセプトを明確化する

★客の結果・ゴール達成を後押しするために励まし自己重要感を高める

■正義の味方が悪人に勝つ

＊陣寄せで後ろの客をさらに寄せて第二陣を作る

まず一つめは、原液そのままで使うやり方。そうすると除菌と洗浄同時にできます。ただ、お客様のお家《うち》は広いでしょう。たとえば、キッチンの壁やリビングの壁紙、床でしたらピータイルやフローリング。こういう広いところは、原液のまま使うともったいない気がします。それに壁紙を除菌する必要もないでしょ。そこで普通の水道水で5倍に薄めます。じつは、「超電水クリーンシュ！シュ！」、5倍に薄めると除菌力は減りますが、洗浄力は変わらずに使えます。経済的ですよね。地球だけでなくお財布にもやさしいんです。

ところで、最近の壁紙は凸凹《でこぼこ》のエンボス調が多いでしょう。拭いただけでは凹《へこ》んでいるところの汚れが残ってしまいます。「超電水クリーンシュ！シュ！」は、凹んでいるところの汚れも浮かして取ることができます。も

耳 数字を具体的に示し経済性をアピール

★客の役に立つことを明確にし目標達成を励ます

ちろん薄めて使っても、かけたその瞬間にヤニ汚れが浮いてきます。さらに「超電水クリーンシュ！シュ！」は泡が立たないので面倒な擦るという手間がいらない。まるでお父さんの額に光る汗を優しく拭き取るように、軽く拭いてください。キレイになるでしょ。キレイなお家にはいいお客さんが来ますよ。

ここで泡の出る洗剤では洗えないところ、洗いにくいところをご紹介しておきましょう。じゅうたん、布製の車のシートやソファー。コレ、従来の泡の出る洗剤で洗うと泡ばかり出て拭き取れないんです。しかも洗剤分が残るのでヌルヌルして気持ち悪い。その上を赤ちゃんがハイハイ、犬ちゃん猫ちゃんがペロペロ、想像もしたくないですよね。

最近はマンションによって外せないじゅうたんもありますから、見てください。このようにしっとり湿らすよう

目 汚れを取り使用前使用後を見せる

★ 客の役に立つことを明確にし目標達成を励ます

体 身体感覚系用語を使って気持ち悪さを喚起する

に吹きつけていただいたら「超電水クリーンシュ！シュ！」、乾いた雑巾《ぞうきん》で拭き取るだけ。泡が立たないので拭き取りが簡単なんですね。キレイに取れるでしょ。

水でできていますから乾きも早い。触ってみてください。サラッとしているでしょ。

ということは、思い出いっぱいのぬいぐるみ。よくお子さんが抱いて寝ています。ただ、だんだん汗やよだれで汚れてきます。これを全自動洗濯機で洗うと顔が崩れちゃいますよね。一生お子さんに恨まれます。

そこで「超電水クリーンシュ！シュ！」、これならお子さんに持たせて掃除してもらうことができます。だって口に触れても平気です。泡の出る洗剤では心配になりますが、これなら安心です。シュッと湿らしたら毛足を手のひらで起こして拭き取るだけ。見てください、きれいになるでしょう。

目 汚れを取り使用前使用後を見せる

体 実際に触ってサラサラ感を実感してもらう

体 具体的な感情に触れる

目 汚れを取って使用前使用後を見せる

お子さんのおもちゃやペット用品、水で洗浄除菌ができます。自分でできるから、お子さんの自立にも役立ちます。

でもなんといっても掃除したいのはここじゃないでしょうか。ギトギトベトベトの油汚れ、換気扇の掃除、レンジまわり、レンジの下にあるお魚焼くグリル。油汚れって1年間放っておくと固まって樹脂化するでしょ。樹脂化した油汚れはですね、どんなに強力な液体洗剤を使っても取れないんですよ、汚れの中に液体が入っていきませんから。さすがの「超電水クリーンシュ！シュ！」も液体洗剤、常温のまま吹きつけてもなかなかうまくいきません。そこで「超電水クリーンシュ！シュ！」、コレ、0℃で凍って100℃で沸騰する水100％でできています。ですから、原液そのまま熱を加えることができる

★客に役立つ点を明確にし目標達成を励ます

んですね。

こちらのフリップを見てください。10℃温度が上がるごとに1・5倍洗浄力が上がります。考えてみれば水よりお湯のほうがよく取れるでしょう。原理はそれと同じです。熱を加えると汚れに対する浸透力が強くなりますから洗浄力が増すんですね。

コレ、あらかじめ温めておきました別名「ホットクリーンシュ！シュ！」。耐熱ガラスに「シュ！シュ！」の原液を入れてレンジで1分から1分半、チンをします。ついでに「超電水クリーンシュ！シュ！」の湯気が電子レンジの中まできれいにしてくれますから一石二鳥。

さあ、見てください。あれだけ頑固で樹脂化した油汚れがあっという間に取れてしまうんです。すごいでしょ。熱を加えるだけでこれだけ取れるようになるんですね。

このように原液で使うやり方、薄めるやり方、熱を加

耳 データで理化学的な根拠を説明する

目 汚れを取って使用前使用後を見せる

えるやり方。この三つの使い方さえ覚えておけば「超電水クリーンシュ！シュ！」どなたでも上手に使えます。

やはり使い続けていただけるからこそエコロジーに貢献できるんですね。

［4］

でもこれらは私が用意した汚れです。本当の本物の汚れは取れないいんじゃないの？　家に帰ったら使えないいんじゃないかと心配になりますよね。

そこでお客様、すみません、ちょっと腕時計を貸していただけますか？　はい、一見きれいに見えますが、時計のバンドの中は汗のタンパク質ですごく汚れているんです。夏場になるとここからニオイが出てしまいます。

そこで「超電水クリーンシュ！シュ！」は、油汚れだけではなく体から出てくるタンパク質の汚れにも強いん

＊共有した結果・ゴールを次々に克服し達成感を与える

■正義の味方の目標達成が客のそれと同一であることを実感

4【急2】

■正義の実現が客の手によって達成できるかを検証

体ニオイに言及する

です。見てくださ い、ほら!? キレイになるでしょ。

この汚れはさすがに私でも用意はできません。さらに襟首袖口の汚れからお子さんの擦り傷から移った血液の汚れ。騙《だま》されたつもりでやってみてください。


それでは皆さんにぜひやっていただきたいのがベジタブル・クリーニング。美容と健康に欠かせない野菜や果物は従来の泡の洗剤では洗浄できないんですけど、水では取れない汚れがついています。その汚れとは農薬です。農薬は殺虫剤ですから体によくない。でも使わないと収穫量が少なくなる。ですからしょうがないんですが、食べるときには余計です。その農薬、さすがに用意できません。

そこで早速プチトマトで実演します。やり方は原液そのまま使ってください。シュッと吹きつけて少しもみ洗

目 汚れを取って使用前使用後を見せる
＊客の行動の責任を軽減させて行動を促す

体 食べものについて言及する

■未来という正義が客の手で達成できるかを検証する

い。そして、できたら30秒経ってから流水で洗い流す。洗浄だけでなく除菌までしてくれますからお弁当の食中毒対策にもピッタリです。ホラ、見てください、早速オレンジ色がにじみ出てきました。水洗いのものと比較してください。水の色が違うでしょう。

では、お客様に食べていただきましょう。まずはシュ！シュ！で洗ったトマトから。（普通のトマトの味です。）

では水洗いだけのトマト。（うっ、苦い！）コレ、同じパック、同じ産地ですよ。それなのに味が違うでしょう。水洗いだけのトマトはエグミがあって渋味、苦味が残るんです。じつはそれトマトの味ではなくて農薬の味なんですね。

だから、味に敏感なお子さんが野菜嫌いになるんです。

さあ、「超電水クリーンシュ！シュ！」でベジタブル・クリーニングして野菜本来の味を取り戻してください。

目 汚れを取って使用前使用後を見せる

体 試食

★客本人が結果・ゴールを得られるように応援する

「超電水クリーンシュ！シュ！」は皆さんの美容と健康までも応援することができる、いままでにないクリーナーなんです。

まさにこの「超電水クリーンシュ！シュ！」、どこでも使えて何でも取れる万能クリーナーのように感じられると思いますが、皆さんに上手に使っていただくために、注意していただきたいことがあります。

まず、取れないのは水アカとか焦げです。これはもう汚れじゃなくて石とか炭ですから取れません。タイルの目地にしみ込んだカビは特殊な薬品を使わないと難しいのでここも苦手です。あと使ってはいけないのは水が使えないところ。革製品とかそうですよね。それ以外ならどこでも何でも使ってください。

このように水100％なので手荒れ肌荒れ一切なし、

＊あえて使用できない部分を含めた使用上の注意を提示することで、実際に使用するイメージを喚起する

＊最後に商品概要をまとめて提

しかもここまで便利に使えて、抜群の洗浄力。5倍に薄めても洗浄力が変わらずに使える経済性。環境に対する負荷はゼロ。これらが評価されたからこそ、業務用クリーナーとして新幹線の喫煙席、自動販売機の洗浄、有名ホテルの厨房に使われている信頼のクリーナーなんです。

お客様も「超電水クリーンシュ！シュ！」を使って、本当の21世紀を実感してみてください。お客様、振り向けばレジです。21世紀はその小さな一歩から……。

示し客の焦点をこの商品に絞る

耳 評判を強調し信用してもらう

＊客の背中を押し目標達成へ行動を促す

私の実演口上、いかがでしたか。具体的なイメージが湧いたでしょうか。

こうして文章にすると結構な長さがありますね。これは実際に現場で私が口にした内容を記録しておいて文章に起こしたものです。

「こんなに長いの覚えられないよ！」

そうおっしゃる方、いいえ、まったく心配する必要はありませんよ。私にしても実際に事前に覚えたことは商品特性の部分だけです。細かないい回しなどはまったく覚える必要がありません。いや、むしろ台本なんか作って完璧に覚えたとしたら……断言します、間違いなく売れません。その理由ものちほどご紹介しましょう。


もちろん、この口上（言葉）だけで商品が売れるわけではありません。この「卓」は、時間にして20分くらいですが、そこには私たちが培ってきたさまざまなノウハウがギュッと濃縮されています。それが下段にあった但し書きです。実演の部分にあった**体**やら**耳**やら、あるいは突然あらわれた「悪者」やら「正義の味方」やら、一体何のことかさっぱり要領を得ない記述もあったと思いますが、そのすべてが実演販売にとっては大事なポイントになっているんです。本書では、それらについて詳しく解説していきます。

さて、皆さんがこのノウハウをマスターするとどうなるか？

実演販売士になれます。もちろん、実演販売士にならなくてもいいんです。販売・営業を仕事にされている方は、これまで現場で苦痛に感じていた〝売らなくては！〟という強迫観念からは、間違いなく解放されます。なにしろ〝売る〟のではなくて、おもしろいように〝売れていく〟のですから。

さあ、それでは早速始めましょう。どうぞ最後までお付き合いください。

CONTENTS

■「売の極意」（Ⅳ）　お客様の「笑顔」を引き出す方法 …… 151

「売の極意」I

ただの通行人をお客様に変える方法

本章では、
実演販売でお客様の心理を巧みに掴む
「陣寄せ」と「非言語メッセージ」
について解説します。

お客様の足をとめるには「空白の法則」を利用する

実演販売士は、不特定多数の人たちを相手に話をします。話をするといっても、しゃべっていれば勝手に聞いてくれるわけじゃありません。お客様はまったく別のことを考えて歩いているわけですから、立ちどまっていただくにはそれなりの〝仕掛け〟が必要です。

このお客様の足をとめることを、業界用語で「陣を付ける」といいます。「陣」というのは人垣のことを指します。「陣付け」ともいいます。

とにかく、売る売らないの前に通行人の足をとめないことには話にならない。そのために私たちが最初にすることそれは実演口上の最初の部分にあります。

……ほら、見てください。こんな頑固な汚れがこんなにキレイになっちゃうんです。なのにこの洗剤、口に触れても平気!

目 使用前使用後を見せる
体 洗剤を口の中に吹きつける
＊「空白」の提示

この短いフレーズの中に、陣付けのノウハウが隠されています。ここで一番のポイントとなるのが、下段の但し書きにある**＊「空白」の提示**という部分。これは、人の「脳」に本来備わっている機能を逆手にとる方法なんですね。ここでちょっとだけ「脳」の勉強をします。

私たちの脳には「脳幹」という部位があります。ここの働きは「安心・安全」を確保すること。いわば無意識的に働く場所で、本能的に自己防衛機能を司《つかさど》ることから、「生命維持装置」などとたとえられます。つまり「生きるための脳」ですね。当然、私たちの行動に対して圧倒的な支配力を持っています。

ここで必要となるのが「空白」です。「空白」というのは簡単にいうと「？」、要するに「わからない状態」のことです。人間の脳は本能的に「安心・安全」を求めますから、「空白」が生まれると不安を感じて、その危機的状況から少しでも早く脱しようと猛烈に働き始めます。これが**「空白の法則」**といわれる深層心理です。

一説によれば、脳はこのとき毎秒Ａ４サイズにして約30ページ分もの検索機能を駆使して、その空白を埋めるためにフル稼働するんだそうです。

その高性能な活動を行うのが「大脳新皮質」という部位で、ここは他の動物ではさほど発達しておらず、論理や学習、言語などといった、知性や知能の部分を司っています。いわば「考えるための脳」です。もっとも人間らしい部分ですね。

大脳新皮質が機能すると、聞き手は計算して答えを出したり、言葉を理解して学習したりすることができるようになります。つまり、「空白」を提示することによって、お客様に〝売り手の話を聞く〟という態勢を作らせることができるようになるんですね。「空白」とは、「大脳新皮質」を機能させるスイッチなんです。

このようにして、脳の働きを逆手にとって、実演販売士はお客様の足をとめるわけです。

それから、下段の但し書きにある**目**にも触れておきましょう。これは簡単にいうと〝五感に訴える〟ということです。

五感というのは、「視覚・聴覚・味覚・触覚・嗅覚」です。つまり、**目**というのは「視覚」、**耳**は「聴覚」、**体**は「身体感覚（味覚・触覚・嗅覚）」のことを指します。

この五感の話はなかなかおもしろく、営業にも役立ちますので、のちほど別項を設けてご紹介します。ここではとにかく〝五感に訴える〟ということだけ覚えておいてください。

空白を生み出す必勝パターン

ところで、お客様の足をとめる方法の一つに、皆さんもよくご存知の「試食販売」がありますね。「食べる」は、人間の三大欲（食欲、性欲、睡眠欲）の一つです。試食販売の場合には、「味覚」（あるいは「嗅覚」）という**体**のツボを刺激してお客様に足をとめてもらい、それで商品紹介の機会をもらって購入への足がかりを作るわけですね。

でも、この**体**のツボというのは、じつは原初的、かつ動物的な刺激なんですね。ということは、「理性」を司る大脳新皮質を刺激するには、正直ちょっと不向きなんです。

いいかえると、**体**で立ちどまったお客様というのは、深く考える必要のない刺激に反応したわけです。実演販売という〝言葉〟を中心とする販売方法によって購入を促すには、この人たちはあまり適当だとはいえないんですね。

「陣付け」をするときに必要なのは、人間の〝理性のスイッチ〟を入れることであって、そのために必要なのが「？」という「空白」です。「味覚」「触覚」「嗅覚」は、理性のスイッチを押さないという意味で適当ではないということです。

したがって、実演販売の場合には、大脳新皮質に効果的にアプローチできる「視覚」や「聴覚」の要素をミックスして「?」を作ります。

「見てくださいコレ、気持ち悪いでしょう。**なのに**、すごく上品な味。ちょっと食べてみませんか?」

「ほら、こんな頑固な汚れがキレイになるでしょう。**なのに**、この洗剤飲んでも大丈夫」

これは、**《目および耳＋「なのに」＋体》**というパターンでできている文章です。これが「?」を生む有効的なパターンなんですね。これによって、お客様の脳裏に「謎」と「期待」という空白がムクムクと湧きあがります。すると、お客様は話を最後まで聞きたくてしょうがなくなるんです。

ここで最初の実演口上に戻ると、

「……ほら、見てください。こんな頑固な汚れがこんなにキレイになっちゃうんです。なのにこの洗剤、口に触れても平気!」

ほら、実際にこうして始めているでしょう。「ほら見てください」と**目**のツボを押しながら、実際に汚れを落として見せる。それだけでもちょっと驚くわけだけれど、さらに、「なのに」と続けて今度は洗剤を口に吹きつけます。つまり**体**のツボを押すわけです。このあたりの流れは、ぜひ動画を見て確認してください。

お客様に話を聞かせるテクニック「陣寄せ」とは

多くの人が、洗剤を口に入れるなんてことは普通できないと思っていますから、これをやると、「ちょっと待って、どういうこと!?」という「空白」が生まれます。それがお客様の足をとめるわけです。

ただし、それはあくまでも「何だ?」と興味を持ってくれたという状況に過ぎません。実際にお客様に商品をご購入いただこうと思ったら、もっと詳しくこちらの話を聞いてもらう必要があります。ですから、「何だ?」の答えが、「ああ、水でできた洗剤の実演販売か」とわかってしまうと、脳の空白が埋まってしまうわけで、お客様はそのまま通り過ぎてしまいます。

あるいは、水でできた洗剤を知らない人は、まだ「？」が残っていますから、足をとめている状態ではあるのですが、このまま何もしなければ、なんとなく実演台から少し距離をおいたままです。いわゆる〝遠巻き〟の状態ですね。

このままではお客様が商品を購入してくれる可能性はほとんどナシです。しかもこのまま放っておけば、せっかく働きかけた大脳新皮質にブレーキがかかってしまいます。そうなったらまた最初からやり直しです。

実演販売士は、ここでお客様をもっと近づけるための行動をとります。「陣（人垣）」を自分のほうにグッと近づけるのです。これを業界用語で**「陣寄せ」**といいます。

この成否が売上を左右するといわれるほど、実演販売にとっては〝大事な働きかけ〟です。これができない人は実演販売士にはなれません。

お客様が遠巻きにしている段階から、話を積極的に聞いてくれるくらいの距離まで近づける。それが「陣寄せ」です。でも、遠巻きの状態で、「さあ、では前のほうへどうぞ！」といってみたところで、お客様が簡単に近づいてくれるわけではありません。ここでも大

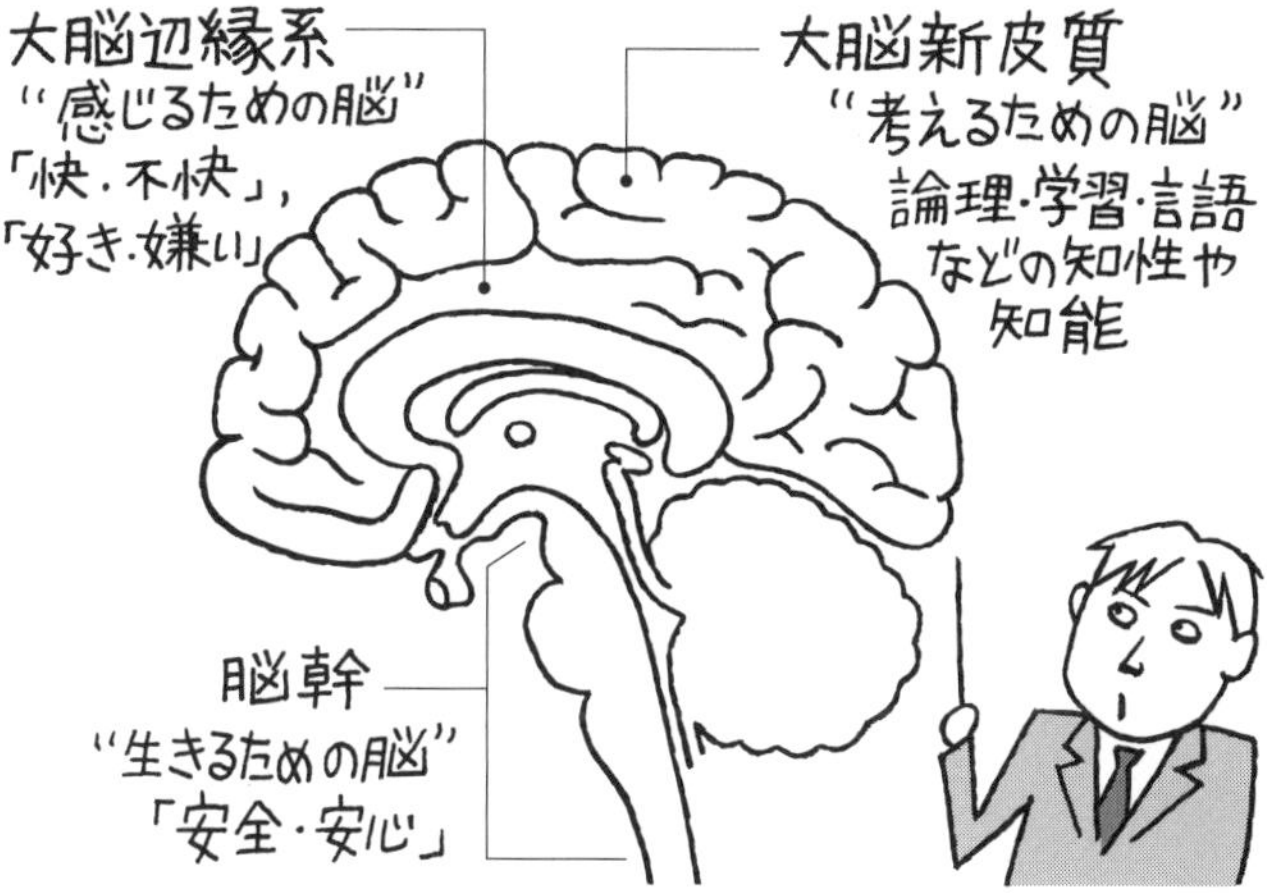

事なのが「脳」への刺激なんですね。

お客様にしてみれば、まったく知らない人に呼びかけられるわけですから、いくら物販をしているとわかっていても、警戒心が先に立つのは当然のこと。

ですから、まずは聞き手の警戒心を取り除くことが必要なんですね。ここでポイントとなるのが、「大脳辺縁系」という脳の部位への働きかけです。

大脳辺縁系は、哺乳類の脳で発達が見られる部位で、「快・不快」、「好き・嫌い」の判断をするといわれています。いわば「感じるための脳」です。ここを満たしてあげるわけです。

お客様の「感じるための脳」を満足させると、話し手に対して親近感や好意を抱きます。その結果、意識が自然と話し手に近づいていきます。皆さんも好きな人の言葉は信用しますよね。それと同じことが起きるわけです。
人間は本能的に「安心・安全」を求める結果、自分と似た人を好きになる傾向があります。これは危険な状況であればあるほどその傾向が強まります。これを**「類似性の法則」**といいます。別名「LIKE《ライク》の法則」。

つまり、話し手は〝何らかの方法〟によって、「自分とあの人は同類である」と聞き手に思わせる。そこへさらに「空白」を提示することによって、大脳新皮質が刺激され、聞き手の心のブレーキが解除されます。

この〝何らかの方法〟というのは、冒頭の但し書き（6ページ）の下段、**「陣寄せ」**の前に出てくる**「相手に合わせる」**という行動です。

> ただ、水でできていると汚れ落ちが悪いんじゃないかって心配になりますよね。いま頷いていただいたお客様、どうもありがとうございます。じつは、私も最初そう思っていました。そこでまず泡の出る洗剤と比較して洗浄力テストをしてみたいと思います。
>
> **＊相手に合わせて親近感を得る**

噛みつきゃしないので、ちょっと前のほうに来てください。

＊陣寄せ＝客を手前に寄せる。客が客を呼び人垣ができ始める

相手に合わせることで〝信頼の架け橋〟を築く

人は自分と似た人を好きになる傾向がある。これが「類似性の法則」。人間が本能的に「安心・安全」を求める結果です。この「類似性の法則」に関わっているのが、「ミラー細胞」（ミラーニューロン）という神経細胞なんだそうです。別名「共感細胞」とか「モノマネ細胞」と呼ばれています。よく長年連れ添った夫婦は顔つきまで似てくるなどといわれますが、これもミラー細胞のなせるわざです。

話を戻しましょう。話し手が聞き手に対して行う**「相手に合わせる」**という手法は、簡単にいってしまうと、相手の動作や言動、考えなどを真似《まね》して、自分を相手と同類（味方・同志）だと思わせることなんです。

一つわかりやすい例を挙げましょう。あなたは小さな子供の相手をしています。どんなふうに話しかけるか想像してみてください。まずは子供の目線に合わせるようにしてしゃ

がみ込む。次にその子に合わせた話し方をする。相手が幼児であれば「赤ちゃん言葉」を使うし、もう少し大きな子供にならば、難しい四字熟語などは使わずに、やさしく噛んで含めるように話をするはずです。

それから、穏やかな表情で子供の言葉に耳を傾けます。ときには笑顔でそっと手に触れたり、頭を撫でたりすることもあるでしょう。このように接してもらった子供は、安心して好意を持ってくれるわけです。これが〝相手に合わせる〟の一例です。これと同じようなことをお客様に対してすれば、よい関係が築けるというわけです。

最近、有効なコミュニケーション・スキルの一つとして、「NLP（神経言語プログラミング）」の理論が注目されています。具体的なことは専門書がたくさん出ていますから、そちらをご覧いただくとして、じつは、私が長年培ってきた実演販売士の販売技術を理論的に説明しようと思ったときに、これがピッタリだったんですね。

NLPというのは、言語学と心理学を組み合わせた実用的な学問で、アメリカで著名な3人の天才セラピストのコミュニケーション技術などを徹底的に分析・研究することで生まれました。セラピストは、患者とのコミュニケーションをとることが必要不可欠です。

そのための手立てとして誕生したのがＮＬＰ。ですから、基本的には《一対一》の関係において有効なスキルなんですが、私はこれを《一対多》の実演販売に応用することにしました。

それというのも、ＮＬＰには「ラポールテクニック」という技法があって、「ラポール(rapport)」とはフランス語で「架け橋」という意味なんですが、「陣寄せ」とは、まさにこの〝信頼の架け橋〟を築くための行動そのものなんです。

このラポールテクニックというのは、簡単にまとめると次の三つになります。

①ミラーリング

相手の身振りや動作に合わせる（姿勢、座り方、身振り手振り、態度、表情）

②ペーシング

相手の話し方に合わせる（声の調子、高低、大小、リズム、スピード）

相手の状態に合わせる（明るさ、静けさ、熱意、感情、呼吸、話の内容）

③バックトラッキング（日本語でいう『オウム返し』＋うなずき、相槌《あいづち》）

相手の話した『事実』を反復する

相手の話した『感情』を反復する

相手の話を要約して適宜返す（5〜10分に一度）

先ほどの小さなお子さんに話しかけるのも、このラポールテクニックで説明ができます。同様に、実演販売士が普段から行っているいくつかの行動も説明が可能なんです。

脳にはフィルター機能が備わっていて、いくつかの情報をもとに「イエス」を出していいのか、あるいは「ノー」なのかを判断しています。

たとえば、「オウム返し」（③バックトラッキング）によって、自分の話した内容を相手の口から繰り返し聞くことになれば、それはもともと自分の考えなのですから、相手からは「イエス」の反応しか出てこなくなります。それによって、「好き・嫌い」のチェック機能が外れ、論理や言語の理解を司っている「大脳新皮質」にスイッチが入るというわけです。

この「オウム返し」などは、実演販売の現場でもやっていたことで、NLPの理論を知ってからは、さらに意識して使うようになりました。また、新人の実演販売士たちにも身につけるように指導しています。

この例からもわかる通り、実演販売でいう「陣寄せ」と、このNLPの「ラポールテクニック」には、とても共通点が多いんですね。

販売・営業の現場で必要な心理的手続きがある

NLPは、本来は患者の話を聞くセラピストのための技術です。彼らは最初、ミラーリングやペーシングといったラポールテクニックを使いながら、患者の話に耳を傾けることでラポールを築きます。とにかく最初は「傾聴」です。傾聴することによって、その患者の言葉の使い方やクセなどを見極めていきます。

そうやって患者とのあいだにラポールが築けたら、次は具体的な病名を患者に伝えて、それを一緒に改善・克服する方法について話し合いを始める、という流れです。この順番が大事なんですね。

①ラポールテクニックを使って患者の話を傾聴する（ペーシング）

②病名を伝えて患者と目標を共有する（ラポール）
③患者とともに完治に向けて行動する（リーディング）

この心理的手続きを、NLPでは「ペーシング・ラポール・リーディング」と呼んでいますが、販売や営業の現場でも応用が可能です。

①お客様との共通言語を確認する（ペーシング）
②お客様と目標・ゴールを共有する（ラポール）
③お客様とともに目標克服へ行動し、目標を達成する（リーディング）

「共通言語」とは、コミュニケーションを図るときの大事なポイントです。自分では「正しい、常識だ」と思っている言葉づかいも、相手によってはまったく通じない場合が多々あります。言葉の意図するところが違っていたりするんですね。常識が常識じゃない。

したがって、事前に相手と言葉の意味するところをすり合わせておくことがとても大事なんです。特に最近は電話やメールなど、言葉でしか相手との意思疎通が図れない場合も多いですから、その言葉の意味がズレていると思わぬトラブルになってしまうことがあります。《一対一》の場合なら、相手の言葉を「傾聴」しながら、それを確認していくわけです。

「陣寄せ」というのは、実演販売士とお客様とのあいだで〝信頼の架け橋〟を築くための行動です。そのためには、お客様に合わせる（ペーシングする）必要がある。それが、

「……ただ、水でできていると汚れ落ちが悪いんじゃないかって心配になりますよね。いま頷いていていただいたお客様、どうもありがとうございます。じつは、私も最初そう思っていました。」

という言葉になっているわけです。もちろん、お客様の顔をしっかりと見渡して、「ありがとうございます」と頭を下げる動作も付随しています。

このようにお客様にペーシングして信頼の架け橋を築いたら、そこで初めて「では前のほうへどうぞ！」と声をかける。すると、「じゃあ詳しく聞いてみるか」と、お客様が寄ってきてくれるわけです。

こうして「陣寄せ」ができたあとには、お客様と「目標・ゴール」を確認・共有し、そ

れを達成するための行動を起こします。最終的には、商品を購入し使用していただくことで、お客様が目標を達成するわけです。まさに、この心理的手続きと実演販売はピッタリと一致するわけですね。

「陣寄せ」の方程式と、お客様とのあいだの理想的な距離

ここまでの流れを整理しておきましょう。商品を販売するには、まずはお客様の足をとめること。これを「陣付け」といい、それには五感のツボを押しつつ、さらに「空白」を提示することが必要でした。

次に、お客様にちゃんと話を聞いてもらうための「陣寄せ」が必要で、それには論理や言語の理解を司る「大脳新皮質」のブレーキを解除すること、その前提として「好き・嫌い」を判断する「大脳辺縁系」を満足させること、さらに「脳幹」に危険ではないことを知らせて「安心・安全」を与えること、という手順が必要でした。

それを簡単な式にまとめると――、

「陣寄せ」＝「空白」＋「好き」＋「安心・安全」

この心理的手続きを踏むことで「陣寄せ」が可能になるわけです。「陣寄せ」とは、お客様にきちんと話を聞いてもらうための態勢づくりですから、営業や販売など、さまざまなコミュニケーションの現場でも使えるはずです。ぜひ覚えておいてください。

ところで、お客様を「陣寄せ」するとしたら、具体的にはどれくらいの距離にまで近づけたらいいのでしょうか？

物理的な距離は、心理的な距離と正比例します。近いほど話す言葉が聞き手の耳に入りやすくなる。逆に、物理的な距離が遠いと心理的な距離も遠くなり、話はさっぱり心に響きません。この距離レベルのことを「パーソナルスペース」といい、アメリカの文化人類学者エドワード・ホールという人が、パーソナルスペースを4つに大別しました。それによると、他者との距離が120センチ以内であれば親密なコミュニケーションがとれるとなっています。

この説にしたがえば、聞き手を〝その気〟にさせるには、話し手は意識して聞き手との

物理的距離を120センチまで縮める必要があるということです。私の経験からも、まさにその通りだなと思っています。

理想的な販売場所はどこか？

さて、実演販売業界には、「一に場所、二に場所、三に場所、四五六なくて、七に商品、ずっと下がって販売員の腕」という言葉があります。これくらい「場所」がとても重要なファクターなんですね。人が通らない場所、人目にさらされない場所に行かされたら最後、実演販売士は即死決定です。

じつは、よい場所の条件の一つに〝下りエスカレーター前〟というのがあります。〝上り〟ではなく〝下り〟です。なぜなら、上りエスカレーターの場合には、あがってきた先に突然実演販売の売台が見えるので、心の準備が何もできておらず、警戒心を持たれやすいんですね。

反対に下りエスカレーター前は、エスカレーターに乗った早い段階から実演販売の売台が見えています。そうした視覚の刺激があり、「何をやっているのだろう？」という「空白」を徐々に生み出すための時間がたっぷりあるわけです。したがって、下りエスカレーター前のほうが、足がとまりやすいというわけ。

冒頭の「実演口上」は、多層階のホームセンターの、下りエスカレーター前のちょっとした空きスペースでやっていますから、とてもいい場所で卓を打たせてもらっているということ。これで売れないようだと、商品が悪いか、販売員の腕が悪いかのどちらかになります。

全般的によい場所の条件をいうなら、ほどよく人通りがあって、ほどよく人がたまりやすい場所ということになります。あまり人通りがありすぎても、人が立ちどまれないようだと意味がありません。初詣の明治神宮の参道で卓を打つのは至難のわざだということ。まあ、そんな場所で販売できるはずもないわけですが……。

さらに大事なことは、「見える」という受身ではなく、「見る」という能動的な姿勢にお客様を導くことです。そのためには、陣寄せの方程式を活用することですね。

とんでもない実験でわかったこと

陣寄せに関するエピソードを一つご紹介します。

私が実演販売を始めた頃にとても困ったのは、遠巻きに話を聞いているお客様の扱いでした。私から見ると、彼らはまるでいつでも逃げられるかのように距離をとっているわけです。その距離約3メートル半から。それだけあれば、何か自分に不都合があればさっさとその場を離れることができる。それが3メートル半なんです。これも「安心・安全」を求める人間の本能にしたがった行動なのでしょう。

こうした状況で話を進めようとしても絶対にうまくいきません。実際に話をしてみても、まるで暖簾《のれん》に腕押しで手応えがないわけです。

「この人たち、私の話を本当に聞いているのかなあ……」

そんな疑問を感じた私は、実演販売中にとんでもない実験を行いました。話の途中にお客様を小バカにするようなセリフをわざと入れてみたのです。

「こうやって使うんだ、バカヤロー！」

「この違いがわからなきゃ、単なるアホ」

「見て見て、ハゲ！」

なんとも失礼きわまりない実験です。もし、お客様がちゃんと私の話を聞いていたら、お店の担当者に苦情がいくでしょう。私は即出入り禁止です。

しかし、この実験結果はなんとも拍子抜けするくらいに〝何もナシ〟でした。お客様はただニコニコと笑っているだけで、思った通り、誰も私の話など聞いていなかったんですね。私の言葉は単なる「音」でしかなかったのです。

このとき、「陣寄せ」の重要性を認識したのと同時に、「何でもしゃべれば通じるというものではないんだなあ」と、〝言葉の力〟にちょっと疑問を持ったのでした。

「好き・嫌い」は、言葉以外の情報で大方決まる

私は、後進の実演販売士を育てるために育成セミナーを主宰しています。そのセミナー

の冒頭で、自己紹介よりも先に、受講生に体験してもらうワークショップがあります。受講生の中から一人を選び、何もいわずに全員の前に立ってもらいます。ほかの人たちはその人の第一印象だけで〝悪いところ〟と〝良いところ〟を次々と挙げていきます。これを順番で全員に対して行うのです。

このとき、名前はもちろん、学歴、年齢、性格、家柄、職歴などの情報は一切知らせません。つまり、その受講生の表面的な部分だけを見て、インスピレーションで好き勝手なことをいうわけです。「キレると怖そう」だとか、「部屋が汚そう」、「ウソをつきそう」などなど。

なぜこんなことをするのかというと、これはまさに〝お客様の目線〟だからなんです。受講生からすると、「お客様からどう見られるか」をあらかじめ知ることができる貴重な機会です。たとえ失礼なことをいわれても、実際にそう見られるわけですから、その言葉に罪はありません。

実演販売で売り場に立つと、お客様に自分がどう思われているかなんてわかりません。でも、お客様は何かを基準に、「良いところ」や「悪いところ」を感じとっています。それをわざわざ教えてくれる親切な人など普通はいません。とにかく、外見だけで「好き・

嫌い」が判断されてしまうということ。

注目すべきは、好き勝手なことをさんざんいわれた受講生に感想を訊くと、誰もが判で押したようにこういうことでしょう。

「なんでわかったんでしょうか？　前もって何もいってなかったのに……」

じつは私も、最初にこのワークショップを体験したとき、「見た目と違って本当は打たれ弱そう」とズバッといわれ、思わずうなってしまいました。図星だったんですね。

このように、自分の心というのはいくら隠しても見透かされてしまうんです。私はこれを「非言語メッセージ」と呼んでいます。あるいは「オーラ」といっていいかもしれません。

この非言語メッセージは、相手に正確に伝わります。むしろ、言語メッセージ（言葉による情報）よりも正確です。それもそうですよね。だって言語メッセージ（言葉）ならいくらでもウソをつけるけれど、非言語メッセージではウソがつけませんから。

何度もいいますが、人は無意識のうちに「安心・安全」を求めています。それゆえ、この非言語メッセージが伝えてくれるものの正しさを本能的に理解するのでしょう。

「第一印象は6秒で決まり、その後の人生であまり変わることがない」

これが有名な「メラビアンの法則」ですが、まさに非言語メッセージの威力を証明する言葉です。

第一印象を決めるのは、55％が「視覚的な情報」（見た目、動作、ボディランゲージ、姿勢など）で、38％が「聴覚的な情報」（話し方、滑舌《かつぜつ》、テンポ、声質など）です。

それに対し、もっとも影響を与えそうに思われる「話の内容」（理念、考え方、価値観など）は、なんとたったの7％のみ。つまり、第一印象を決めるのは7％の言語メッセージではなく、その他93％の非言語メッセージなんですね。しかも、その後の人生においてもその印象はあまり変わらないというのですから、ある意味とても怖いじゃありませんか。最初の印象をあとから覆《くつがえ》すのは、並大抵のことではないということです。

卑近な例を一つ挙げると、私は経営者として多くの採用面接をしてきましたが、第一印象に勝る採用基準はないと思っています。実際、いまも残って一緒にがんばってくれている社員のほとんどが、面接で6秒以内に採用を決定した人たちです。

反対に、第一印象はいま一つだったけれど、それには目をつぶって履歴書や職歴で選んだ人もいましたが、そのほとんどが失敗して辞めてしまいました。

それくらい、非言語メッセージは大切だということ。プロの販売員である実演販売士は、この非言語メッセージすら逆手にとって、お客様の心の内に飛び込んでいくわけです。

ベテラン実演販売士との対決

私が新人だった頃、都内の某大手ホームセンターで、大先輩のWさんと同じフロアの売り場でご一緒させていただいたことがあります。これはそのときの話です。

Wさんは数々のヒット商品を世に送り出してきた大ベテランの実演販売士で、この業界では知らない人がいないという有名人です。いまでは実演販売だけでなく、売りたいモノは自分で作ってしまうという、製造会社の社長さんでもあります。

こんなふうに説明をすると〝超カリスマ的人物〟をイメージするかもしれません。でも実際にお会いしてみると、大変に腰の低い、普通の小柄なおじいちゃんです。では、実演販売を始めればスイッチが入ってカリスマ性を発揮するのかといえば、じつはそうでもないんですね。滑舌はいま一つですし、声だってどちらかといえば聞き取りづらい。

それであるとき、私はひそかにWさんと勝負することにしたんです。Wさんはまったく預かり知らないことで、私が心の中で勝手に勝負を挑みました。

なにしろ、私は正直「勝てる」と踏んでいました。Wさんのホームグラウンドはお客様の年齢層が比較的高い百貨店です。しかし、その都内大手ホームセンターは、百貨店と違って年齢層が低く、若者の比重が高い売り場でした。実際、ベテランの実演販売士たちからは、「ここは客層が若すぎる」という声を聞いていました。ベテラン勢はここでは苦戦を強《し》いられていたのです。

一方、私には勝算がありました。まず私には若さがある。お客様により近い感性です。

それに、学生時代には演劇をやっていて役者目指して稽古をしていましたから、自分の声や滑舌、身振り手振りにもかなりの自信がある。これだけの条件が揃っていたのです。

「駆け出しの私が、この業界で誉れ高いWさんに勝つ!!」

こんな痛快事はないでしょう? 私はいつにも増して気合を入れて実演販売に臨みました。そして結果は——私の惨敗に終わりました。

Wさんのまわりにはお客様が群がり、その陣が途切れることがありません。それも品のよさそうな人たちに取り囲まれているのです。そればかりか、Wさんは「疲れた」といって、閉店時間を待たずにさっさと4時頃には切り上げて帰ってしまいました。それもそのはず、売り場の担当者も驚くほどの売上を作っていたのです。そんな状況ですから、さっさと帰ろうがどうしようが文句はいわれません。

それに引きかえ私のお客様は、冷やかしの若いカップルとか、具合の悪そうなオタクとか、文句ばかりいうおばさん、ギャーギャーと騒ぎたてる子供ばかりです。この客層の違いは何なのでしょうか。

それに、購入割合もまったく違っていました。私の売る打率は2割以下なのに対し、Wさんは8割!? 同じ売り場で、商品だって決して引けをとらないし、実演だってしゃべりだって負けているとは思わないのに、この違いは一体何なのかと本当に不思議でした。

「2・6・2の法則」でWさんは勝った！

ここで、実演販売士が大事にしている「2・6・2の法則」をご紹介しましょう。これは、実演を見ている人の10人中ふたりは販売につながる人、同じく10人中ふたりは絶対に買わない人、残りの6人は、実演販売士の態度によってどちらにでも転ぶ、いわば「宙ぶらりん」な人たち、という考え方です。

ちゃんと統計をとったわけではないのですが、商品や売り場によって多少前後する可能性はあるものの、20年以上実演販売をしてきた経験から、ほぼ「2・6・2」の割合で「買う人・宙ぶらりん・買わない人」で間違いありません。先ほど、私の打率が2割、Wさんが8割といいましたが、まさにこの数字に当てはまります。

要するに、私が比較的購入につながりやすい2割のお客様（買う人）だけしか落とせなかったのに対し、Wさんはその2割プラス宙ぶらりんの6割もきちんと取り込んでいたということです。ですから合計で8割です。

でもなぜ、こんな結果になったのでしょう。それはこんなふうに分析可能です。

私は、「Wさんに勝つ！」という意気込みで勝負に臨んだわけですが、それがいつしか「絶対に負けられない」という意識に変わっていたんですね。実際にはこれ、とてもネガティブな感情だといっていいでしょう。

仮に私が10人のお客様を相手にしているとします。「絶対に負けられない」とき、それはイコール「全員に売る」という使命感、あるいは強迫観念にも似たものだといえます。すると、絶対に買わないふたりというのは、私にとっては確実に障害であり、越えなければならない壁です。このふたりを何が何でも取り込まない限り、私の〝勝ち〟はありえません。

すると、どうしてもそのふたりに焦点を当てて「卓を打つ」ことになってしまうんですね。絶対に買わない人たちに向けて、「どうにかして売ってやろう」という姿勢になるわけです。このときの〝非言語メッセージ〟は、じつに押しつけがましいものになるんです。そうなると、絶対に買わないふたりを除く8人に対しても、同時にその押しつけがましさが伝わってしまうんですね。一生懸命になりすぎると、そのことに気づかないんです。するとどうなるか？

6人の宙ぶらりんな人たちも買わない方向に気持ちが動いてしまう。下手をすると、買おうと思っていたふたりまでもが買いづらくなってしまう。最悪の場合、売上ゼロということにもなりかねない……私はこれをやってしまったというわけです。まあ最悪です。

それはすでに、客層の違いとなってあらわれていました。Wさんのまわりには上品なお客様が楽しそうに取り囲んでいたのに対し、私のまわりにはガサガサと落ちつきのない人たちばかりが、ちょっと距離をとって（3メートル半以上離れて！）集まっていました。

実演販売というのは、基本的には縁もゆかりもない通りすがりの人たちが相手です。扱っている商品に対して興味があるのかないのかもわかりません。そんな人たちを呼び寄せる最初のポイントが、じつは〝非言語メッセージ〟なのです。これは「五感のツボ」や「空白」といったテクニック以前の問題です。

私はネガティブな「負のメッセージ」を、知らないうちに発していたのですね。このメッセージに対して、上品なお客様が寄ってくることはまず考えられません。ガサガサと落ちつかない人たちが集まったのも当然のことです。「類は友を呼ぶ」という言葉がありますが、まさにそれと同じことが起きてしまったわけです。

そう考えると、たまたま通りかかって足をとめたお客様と、呼びかけた実演販売士の関係にも見えてくるものがあります。じつは、両者は根っこのところで〝似た者同士〟だということです。

話し方や立ち居振る舞い、考え方、願望や欲望……何でもよいのですが、その両者には似たところが確実にあって、それで〝共鳴〟したからこそ、お客様は実演販売士のところで立ちどまったということです。つまり、お客様は実演販売士にとって〝心を映す鏡〟だということです。実際、「お客様の様子を見れば、実演販売士の心の状態がわかる」とは、よくいわれることなんですね。

お客様によい印象を与えるために必要なこと

先ほどのWさんの話に戻ります。なぜWさんの前には上品なお客様が集まり、私の前にはガサガサと落ちつかないお客様ばかりが集まってしまったのか。それは私とWさんの心のあり様が反映していたということです。私の心には「売りつけてやろう」という邪念があった。邪念が招いた人たちに囲まれていたわけです。では、一方のWさんはどうだったのでしょう。

Wさんは製造会社の社長さんでもあります。その商品の目的を熟知し、きちんと使っていただくことでお客様の問題解決や目標達成に貢献できることがわかっています。だからこそ、その商品のよさを伝えたい、その商品を使っていただきたい――そういう姿勢で実演をされていました。

その姿から、お客様は「安心」を感じ、何も警戒する必要などありません。「よい商品を紹介してくれてありがとう」という好意も抱いたことでしょう。いいお客様が集まるのも当然だったというわけです。

若い客層の多いホームセンターだとはいえ、割合は少なくてもいろいろな年齢層のお客様がいます。その中で、Wさんの醸《かも》し出す〝安心感〟という非言語メッセージを求める人たちが、まるで花の蜜を求める蝶のように引き寄せられたということです。

「商品を売ってお金を稼ぎたい」というのはアマチュアレベル。

「やさしさと感動を売って笑顔と感謝を稼ぐ」のが真のプロフェッショナルです。

Wさんの姿勢がまさにこれでした。そして、実演販売士の存在価値はここにあると思っています。モノを売る立場の人間であれば、誰でも一緒だと思います。

ところで、私の直属の先輩に声が小さくて滑舌が悪い実演販売士がいました。口は動かしているものの、何をいっているのかよくわからない。それじゃ売れるわけがないと思ったら大間違いで、きれいなしゃべりをする人よりも売っていました。なぜでしょう？

脳は「空白」をとても嫌います。空白ができるとそれを埋めるために活性化する、つまり集中力が増すんですね。

アナウンサーのような、きれいで隙《すき》のないしゃべりは、さらさらと流れてしまってBGMにしかならないことがあります。私の先輩は、確かに滑舌が悪くて聞き取りづらかったけれども、いつも一生懸命に何かを伝えようとしていました。そういう姿勢が大事なんです。お客様も一生懸命に耳を傾けてくれます。

しゃべり方といえば、テレビ通販でお馴染みのトーカ堂の北さんという人をご存じでしょうか？

「いやぁーあのですねー、コレ結構高価でして、ズバリですね……人気の商品なんですけど……ズバリ19万8千円でお願いします、はい」

なんて、博多華丸・大吉の大吉さんがモノマネしている通販会社の社長さんです。その北さんとは昔よくテレビ通販でご一緒させていただきましたが、楽屋ではあんなしゃべり方はしていませんでしたね。北さんはおそらく〝間《ま》〟を上手に使うしゃべり方を研究されたのだと思います。これも一種のオーラです。「素朴で誠実、ウソをつかない田舎の社長」というオーラを出して、お客様の安心・安全と好意を得ているわけですから。

そういえば、ジャパネット高田の高田社長さんだって、長崎弁のイントネーションだから売れるのだと思いませんか？

私も若い頃、売上に困ったときにはわざとなまってしゃべっていました。「地方から出てきて都会でがんばっている青年」というメッセージを、言葉のイントネーションに乗せて発信したわけです。

この〝非言語メッセージ〟の話は、冒頭の実演口上にはまったく出てきません。しかし、これが大事なことはおわかりいただけるはずです。

私たち実演販売士は、自分がお客様からどう見られているかをわかった上で売り場に立っています。あなたとは、すでにこの時点で差があるかもしれません。そのためにワークショップで好き勝手なことをいってもらっていますし、また、売り場ではプロの販売員として、「やさしさと感動を売って笑顔と感謝を稼ぐ」という姿勢で臨んでいます。それが非言語メッセージをよいものにする秘訣だからです。ぜひ参考になさってください。

「2・6・2の法則」を使えば、人前であがることもない

「《一対一》の営業なら大丈夫なんですけど、《一対多》のプレゼンや講演になると途端にあがってしまうんです。どうしたらいいでしょうか？」

ちょっと話は変わりますが、最近こんな質問をよく受けるようになりました。これに対

する私の答えは「100点を取ろうとしないこと」でしょうか。

私の場合、相手が通行人なら何の問題もないのですが、プレゼンや講演のように、聞き手がイスに座っている状況を目の前にすると、かなり緊張しました。期待感のこもった目で、「この人は一体何を話してくれるのだろう!?」と私を見ているわけです。それがわかった途端、頭の中が真っ白になる――そんなことがよくありました。でもいまは平気です。

こうした緊張感を味わっているときというのは、心が非常にネガティブな状態だといえます。「失敗できない」というプレッシャー、「うまくできるだろうか」という不安感と緊張感でいっぱいの状態です。

人は不安から緊張状態に陥《おちい》ると、脳が「無意識」にアクセスできなくなります。そうなると、脳は常に考え続けなければなりません。つまらなさそうな顔でイスに座っている人がいれば、「あの人は自分の話をどう思って聴いているのだろうか?」と気になり、「大変申し訳ない、面目《めんぼく》ない」などと考えてしまう。すると何をしゃべっていいのかわからなくなり、ひとりで空回りです。そしてますますパニックに拍車がかかる――そんな悪循環にはまってしまうんですね。私も最初の頃はそうでした。

私は講演でのそんな手痛い失敗を何度か経験して、最初に必ずこんな質問から講演を始めるようになりました。

「この講演から、手に入れたい成果や結果は何ですか？」
「成果や結果を手に入れることは、あなたにとってどんな意味がありますか？」

最初にその講演のアウトカム（目標や目的）を、お客様一人ひとりに設定してもらうのです。この質問に答えるための時間を3分ほど設け、答えは観客の皆さんそれぞれに書きとめてもらいます。そして、まずはトレーナーからということで、私がその質問に自ら答えます。そうやって話をしながら、私は聴いている人たちをじっくりと観察します。目の輝きや表情、頷く素振りなどを見るのです。

すると、全体のうちの2割程度、反応のよさそうな人たちがいることに気づきます。そう、「2・6・2の法則」です。次に、その2割の人の中から何人かを選んで、彼らがどんな答えを出したかを話してもらいます。その観客のアウトカムを取り入れながら、私のそれと合わせて一つのアウトカムに統合していきます。つまり、その講演の目標・ゴールを、私と観客（反応の良い2割）とで共有するわけです。

目標や目的を共有するということは、彼らと私は「同志」、あるいは「仲間」になったということです。仲間と話をするとき、普通あがる人はいませんよね？ 仲間と話すことを「つらい」と感じる人もいません。「楽しい時間」を過ごせるはずですし、「絶対に成功しなければ」というプレッシャーも不要です。たとえ失敗したとしても、仲間ですから「ドンマイ、ドンマイ」と肩を叩き合えばいいのです。

目標や目的を設定し、それに向けてともに努力していく姿勢というのは、とてもポジティブな振る舞いです。いいかえると、目標や目的というのは、ポジティブな「空白」なんですね。

じつは、そのポジティブな空白を共有した瞬間から、その空白を埋めようと観客の脳が勝手に働いてくれるようになります。いってみれば、個々が勝手にヒーロー（主人公）になるための旅に出てくれるようなものです。私はその旅における水先案内人になりさえすればいい。どうです、簡単でしょ？

講演会で私が話をするときは、反応のよい2割の観客とアウトカムを共有するのに全体の6割の時間を割くようにしています。そのプロセスというのはとても楽しいし、すごくポジティブな時間です。じつはこの空気が「非言語メッセージ」となって、宙ぶらりんな6割の観客によい影響を与えるんですよ。すると、ほとんどが私の味方になってくれます。Wさんの打率8割の秘密です。

そして残りの2割の観客は……そう、さほど気にしなくていいのです。気にしていたら、負のメッセージを発信してしまうことになりますからね。なんとなく、笑顔を振りまいておけば充分です。

とにかく、《一対多》のコミュニケーションにおいては、誰もが納得してくれる100点の話なんてそもそもできっこないのです。80点なら大成功ですよ。

ちなみに、私は実演販売ではまったくあがりません。なぜなら、売る商品にはあらかじめ解決すべき問題や達成すべき目標があるからです。立ちどまったお客様のアウトカムを確認する必要もありません。立ちどまったという行為自体が、その商品とお客様と私の三者が、目標を共有しているという証《あかし》だからです。

私は読心術のように、お客様の目的をズバっといい当てることができます。お客様は、「なんでわかったの？」という驚きの表情を見せながらも、次第に心を開いていきます。私にはそうなることがわかっているから実演販売であがることがないのです。

営業先でつれない拒絶にあったときには、

「あ、何をやっても買ってくれないふたりにぶつかっちゃった！」

と思えばいいんです。そんなことで落ち込むなんてバカバカしい。

◎コラム◎　喪黒福造からモノは買えない!?

ひとりはとてもやさしくあなたが好意を持っている人。もうひとりは見た目が怖く生理的に受けつけられない人。まったく同じ話をされても、前者からは素直に話を聞くことができるし、後者からだと納得がいかない。不思議ですよね。

昔、秋葉原デパートで、よく実演販売をしていたジュースマシーンのAさんという方がいました。Aさんは、私がこれまで会った中で一番人相が悪い人です。漫画「笑ゥせぇるすまん」に登場する喪黒福造《もぐろふくぞう》のような人といったらわかってもらえるでしょうか。

同じ実演販売士仲間だというのに、私はAさんになかなか近寄れませんでした。でも、お酒をご一緒して話をしてみると、とても面倒見のいい、やさしい人だとわかりました。

ある日、Aさんと私が売台《ばいだい》を並べて実演販売をしていたら、お客様が私のところにきて、Aさんを見ながらこうつぶやきました。

「あのジュースマシーンはほしいんだけど、アイツからは買いたくない」

私は思わず吹き出してしまいました。「すごくいい人なんですよー」とフォローしましたけど……。非言語メッセージ、あなどるべからずです。

実演販売の
コパ・コーポレーション

「売の極意」

II

お客様を気持ちよくさせる方法

本章では、
人間の快感原則に乗じて、
商品を気持ちよく販売できる「序破急」という
技術について解説します。

「セックス上手は会話も上手!?」その秘訣は「序破急」

長年実演販売士をやっていると、よくこんな質問を受けます。本人にとっては切実な問題なのでしょうが、私からすると「何でそんなこと訊くの？」という感じです。

「どうしたら話がうまくなりますか？　どうすれば話が盛り上がるのでしょうか？」

「あのー、おたくセックス下手でしょ？　だからそんな質問するんですよ」

ふざけているわけじゃありません。これ結構重要なことなんですよ。

聞き手の心を揺さぶる（盛り上げる）話し方のコツは、人間の「快感原則」にできるだけ寄り添って話をすることなんです。快感原則というのは、「人は生まれつき不快な物事を避け、快感を求める」という傾向のこと。「快楽原則」ともいいます。

つまり、人は意識せずとも快感を求めるようにできているわけです。そうした人間の代表的な快感（快楽）の一つがセックスです。

セックスはひとりではできません。必ず相手が必要です。人間同士のコミュニケーションの最たるものがセックスだといってもいいでしょう。セックスが下手な人というのは、相手のことをちっとも考えないで、自分の快楽だけを追求してしまう人のことです。雰囲気作りや前戯もなしに、いきなり挿入するのはただの暴力です。

これと同じように、人前で話をするとき途端に暴力的になる人がいます。

●いきなりタメ口を利いて、自分の話が通じないと友達扱いしない。
●いきなり専門知識を並べたて、話が通じないと相手を鼻で笑う。
●いきなりカタカナ・横文字を並べて、話が通じないと相手をよそ者扱いする。
●いきなり自分の思いだけ一方的に伝え、理解されないとストーカーと化す。

いずれも暴力的であり、されるほうはたまったもんじゃありません。こんな人に対して「話を聞いてよ!」といわれても、それは土台無理な相談です。

こういう人は、当然コミュニケーションを上手にとることができません。脳科学的にいうと、話を理解する「大脳新皮質」が機能する前に、「安心・安全」の確保を優先する「脳幹」

が「ノー」を出してしまう状態です。話し手を"危険"と認識してしまうため、聞き手は反発するか、あるいは逃げるかです。こうならないためには、相手にちゃんと寄り添う（ペーシングする）ことです。

「話がうまくいかない」と感じている方、身に覚えはありませんか？

「どうしたらうまく話ができますか？」という問いかけに対する答えは、「人間の快感原則に寄り添うこと」であり、昔の日本人は、そのことをよく知っていました。

皆さんも**「序破急」**という言葉はご存じでしょう。もともとは雅楽など日本古来の音楽や、能などの伝統芸能で使われる物語の構成法のことです。「テンポ」や「リズム」、「展開」の極意を端的にあらわす言葉ですね。

「序」は序章の序。最初はゆっくりという意味。

「破」は序を受けて打破するとか論破するの意。変化を入れてややテンポを上げた状態のことです。

「急」は急ぐ、加速する、煽《あお》るという意味。一気にエンディングまで突っ走って盛り上げます。


この「序破急」は、音楽にも応用されています。「Aメロ、Bメロ、サビ」という形で使われているメロディ構成がそうです。「序」がAメロ、「破」がBメロ、「急」がサビです。「序破急」に沿ったメロディであれば気持ちよく聴けるし、逆に序破急を無視したメロディというのは、聴く人の心を落ちつかなくさせてしまうんですね。

「序破急」の理解を深めるワーク

私が主宰する実演販売士育成セミナーでは、「序破急」の理解を深めるために「序破急エクササイズ」というワーク＊を実施しています。ふたり一組になって、AさんがBさん

＊スマートフォンやiPadなど動画が見られる端末でワークの様子を見ることができます。

にある商品を売り込み、Bさんは理由をつけてそれを断り続けます。AさんはBさんの拒否する理由をオウム返しし、さらに感謝の言葉を述べ、今度は別の理由をつけてその商品を売り込みます。この繰り返しを3分間続けるというものです。

Bさん「××だからいりません」

Aさん「××だからいらない、そうですよね、ありがとうございます。じつはですね、この商品△△なんです。いかがですか?」

さまざまな理由で断り続けているうちに、Bさんが望むものが何なのかが次第にわかってきます。そこで、Aさんは最後にBさんが納得する理由を述べて商品を売り込みます。

Aさん「こちらのミネラルウォーターはいかがですか?」

Bさん「うちは水道水があるからいらないです」

Aさん「水道水があるからいらない、そうですよね、ありがとうございます。じつはですね、この水はミネラルが豊富なんです。いかがですか?」

Bさん「ミネラルが豊富ということは混じり気があるんですよね。だからいらないです」

Aさん「混じり気があるからいらない、そうですよね、ありがとうございます。

じつはですね、この水は塩素消毒の必要がないんです。いかがですか？」

Bさん「消毒の必要がない？　汚染されているかもしれないですよね、だからいらない」

Aさん「汚染されているかもしれないからいらない、そうですよね、ありがとうございます。つまりお客様のご要望は、混じり気がなくて安全ということですね？

じつはですね、この水は南極の天然水なので不純物が一切入っていないんです。

南極には原発もありませんから汚染の心配もありません。

だからこそ、混じり気がなくて安全なんです。いかがですか？」

Bさん「……おいくらですか？」


大雑把ですが、こんな感じのやりとりをするわけです。

解説すると、まずBさんの「××だからいらない」という拒否の理由は「空白」に相当します。話はいつも「空白」から始まるのが定石《じょうせき》です。

このとき、AさんはBさんが拒否する理由をそっくりオウム返しします。バックトラッキングですね。するとBさんは「そうそう」と頷いてしまいます。そうやって小さな「イエス」をどんどん引き出していきます。

さらに、「そうですよね」といって、Bさんの拒否した理由を潔く認めます。これによりBさんは、「自分のことを理解してくれている」という安心感を得ることができるわけです。

次に、Bさんが拒否理由を述べてくれたこと対して、Aさんは「ありがとうございます」と一礼します。

この「ありがとう」という言葉にはじつに不思議な働きがあり、こういわれて悪い気になる人はまずいません。「ありがとう」というのは、「あなたは価値ある存在です」と認められていることと同じなんですね。だから、「ありがとう」といわれると素直に好意を持ちます。この「ありがとう」は、冒頭の私の実演口上でも触れている部分ですね。

はい、ここまでの流れで、AさんはBさんにしっかり寄り添う（ペーシングする）わけです。最後に、「お客様がお望みなのは○○ということなんですね」と、Bさんの望む「結果・ゴール」を明確化して両者で共有します（ラポール）。

これを売り込む側のAさんの立場から見てみると、Bさんに「ノー」という拒絶を突きつけられることは、普通であれば耐えがたいことなんですが（脳は「ノー」に耐えられないそうです）、これだけ心理的な手続きを執拗に踏んでいくことで信頼の架け橋が築かれていますから、「ノー」といわれてもダメージを感じなくなるんですね。

一方のBさんにしても、常に自分の意見を受け入れてもらって、しかも感謝までされていますから、Aさんにしつこく売り込みを続けられても、なぜか押しつけがましさを感じなくなってしまうんです。こうしたやりとりを、実際の売り場でも自然に行えるようにするためのワークが「序破急エクササイズ」なんです。

さらに、「じつはですね、この商品△△なんです」の「じつは」にも、重要な意味が隠されています。Aさんが、「じつはですね」と話しかけることで、Bさんはここで何かを期待してしまいます。その結果、さらにAさんの話に対して、聞く耳を持つようになるんです。つまり、「じつは」という言葉で「空白」を提示しているんです。

最近はテレビショッピングが盛んで、多くの売り手さんが、「じつはですね」と視聴者に語りかけてきます。たったこれだけの短い言葉にも深い意味があるわけです。

この「じつは」の威力を知ることができる、おもしろい実験結果があります。コピー機の列に並んでいる学生に、次のように話しかけます。

A『すみません。5ページあるんです。先に使ってもいいですか。**じつは**とても急いでいるので』

B『すみません。5ページあるんです。先に使ってもいいですか』

C『すいません。5ページあるんです。先に使ってもいいですか。**じつは**コピーを取らなければいけないので』

（「The Psychology of Persuasion」より引用）

こういって声をかけたところ、Aでは94％の人が先にコピーをさせてくれました。対して、Bではずっと少なくて60％でした。

驚くべきはCです。はっきりした理由を述べていない……というか、すごくテキトーなことをいっているにもかかわらず、なんと93％の人が先に譲ってくれたというのです。ほとんどAと同じ数値です。

これからわかることは、「じつは」と振られると、たとえ不自然な流れであっても、そこに説得力が増す効果があるということです。いってみれば、「大脳新皮質」を機能させる便利なスイッチが、この「じつは」という言葉なんです。

モノを買う理由は、案外〝あいまい〟である

実演販売で「陣寄せ」をするタイミングは、この「じつはですね、この商品は」のところです。「じつは」は、「空白」を提示すると述べましたね。

「陣寄せ」＝「空白」＋「好き」＋「安心・安全」

この「空白」が「じつは」なんです。冒頭の「実演口上」でも、最初の「陣寄せ」のところでは、「じつは」という言葉をきっかけに陣寄せを行っています。

ところで、この段階で「陣寄せ」をするとしないとでは、その後の展開が大きく異なってきます。それは、「じつはですね」の次、「××なんです」という重要な言葉が、お客様にきちんと記憶されるかどうかが決まってしまうからなんです。

一つ注意しておきたいのが、「この商品××なんです」のところで、Bさんが拒否した理由への反論をしないということが〝お約束〟です。「しかし、ですが、だが、ただ」などの心理的抵抗があるような「but」を意味する言葉は絶対に使ってはダメ。これらの言葉を使ってしまうと、せっかくスムーズに起動した「大脳新皮質」が、危機感を感じてブレーキをかけてしまうんですね。

先ほどの「序破急エクササイズ」は販売シーンですから、最後に「いかがですか？」というクロージングが入っています。このクロージングがないと、「この商品は××なんです」という売り文句が宙に浮いてしまいます。Bさんからすると、「ん、だから何？」というふうに、その後どう行動してよいのかがわからなくなってしまうんです。

この3分間のワークを繰り返すと、Bさんは断る理由が次第になくなってきます。ここがポイントです。人がモノを買うときの理由というのは、案外あいまいなんですよ。逆に買わない理由というのは結構はっきりとしています。

ですから、こういう形で買わない理由を潰していくと、最後にはどうでもいいような、あいまいな理由しか残らなくなります。すると、「えーい、いいや、面倒臭いから買っちゃえ！」となることが多いんですよ。こういう心理も上手に活用したいところです。

「序破急」を使いこなせば臨機応変に対応可能！

いまのワークを例に、「序破急」にならって営業や販売における心理的手続きをあらためてまとめてみると、次のようになります。

①「序」　お客様のニーズを把握して親近感を得る（ペーシング）
②「破」　お客様が望む結果・ゴールを共有して信頼関係を築く（ラポール）
③「急」　結果・ゴールを達成する手段として商品を薦める（リーディング）
④「急2」　お客様に商品をご購入いただく（クロージング）

私たち実演販売士は、実演口上を作るときに、全体的な構成はもちろんのこと、小さな段落の一つひとつまで、この「序破急」の構成法を頼りに作っていきます。

ちなみに、冒頭の実演口上では、［1］～［4］という形で、大きく「序破急」のパート分けをしてありますから参考にしてください。

ところで、売れている実演販売や通販番組というのは、この「序破急」の流れにきちんと沿っています。私の分析によれば、昔の「ういろう売り」や「ガマの油売り」も、この「序破急」の流れにきちんと沿っています。だから聞いていて気持ちがいいし、売れるんですね。〝古今東西売れる構成は「序破急」以外になし〟これが私の持論です。

「序破急」を使うことは、別に難しいことではありません。基本的にやることはいつも同じです。これさえ外さなければ大丈夫ということばかり。この「序破急」を熟知していれば、わざわざ台本を書かなくても、即座にアドリブだけで実演口上がいえるようになるんですよ。

私の会社にムッシュ中島というベテラン実演販売士がいます。彼のエピソードをご紹介しましょう。

あるとき、広告代理店の人間と一緒に、さる携帯電話メーカーを訪れたときのことです。メーカーの重役さんが居並ぶ前で、何も知らされていなかった携帯電話のプレゼンを、実演販売ふうにやってほしいと広告代理店の人間に突然いわれました。ムッシュは、「10分だけ時間をください」といって、辞書みたいに分厚い携帯電話の説明書をパラパラと眺めてから、おもむろに〝卓を打った〟そうです。

ムッシュが実演を始めると、広告代理店の人間のヘラヘラ顔が真顔になり、卓を打ち終わる頃には、メーカーのお偉いさん方が立ち上がってのスタンディングオベーションとなり、「さすがは実演販売士！」と賞賛の嵐だったそうです。ムッシュは、私と一緒に秋葉原時代に培った「序破急」を駆使して、急な依頼にも見事に応えてみせたというわけです。

「なーに、適当だよ」といって彼は笑っていましたが、きっとベテラン実演販売士の血が騒いだに違いありません。序破急で話を展開すると、聞いているほうはもちろん、話しているほうも気持ちがいいんですね。自分でも驚くほど、言葉がスルスルと出てくるんですよ。ムッシュの実演、私も見てみたかった……。

実演口上はあっという間にできる!?

さて、ここからは「序破急」の実践編です。先ほどの「序破急エクササイズ」のところで、南極の天然水というのが出てきました。せっかくなので、これを今度発売される新商品「南極のミネラルウォーター」だと仮定して、私が実演販売するならどういう実演口上を作るかを考えてみます。まずはシンプルなものを……。

お客様、見てください、透明で清らかな水！　なのに、飲むとカルキ臭くてマズイ！　それが、皆さんが毎日飲んでいる水道水です。そうですよね。いま頷いていただいたお客様、どうもありがとうございます。……………………【①序「ペーシング」】

やはりお水は毎日飲むものですから、おいしくて安全で、カラダにいい、そんなお水がお望みですよね。……………………【②破「ラポール」】

そこでご紹介したいのが、「南極大陸のミネラルウォーター」。

じつはですね、この商品、ちょっと見づらくて大変恐縮なんですが、もうちょっと前のほうに来てください。ほらここになんて書いてあります？　そう軟水なんです。日本人好みでしょう。しかも文明の利器のない南極の雪解け水ですから安心安全。日本の水では得られないミネラルも豊富に含まれています。まさにみなさんがお望みの三大要素がすべて含まれているのがこのお水なんですね。……………………【③急「リーディング」】

今回は一つにつき、このお値段でご紹介しています。1本にしては意外と高いなとお思いの方、いやいや、1ダーズでこのお値段ですよ。お客様、振り向けばそこはレジ。家族の健康はその一歩から。……………………………【④急2「クロージング」】

この実演口上は、私がものの1分で考えたものです。実演販売士は「序破急」が血肉になっているので、説明書や商品パッケージを渡されれば、これぐらいの実演口上は即座に作ることができます。

ちなみに、「南極大陸のミネラルウォーター」なんてどこにもありませんからね。「ほしい」と思わないでください、探しても無駄ですよ。

ところで、店頭での実演販売の場合、「序破急」の「序」と「破」に比重を置いて、お客様との「ラポール」の獲得に時間を費やすのが定石です。

次ページの右図のように、時間的にいうと60％はラポールの獲得にかけます（①＋②）。人間関係の希薄さが指摘される昨今、ここに比重を置くのはきわめて現代的な事象だとい

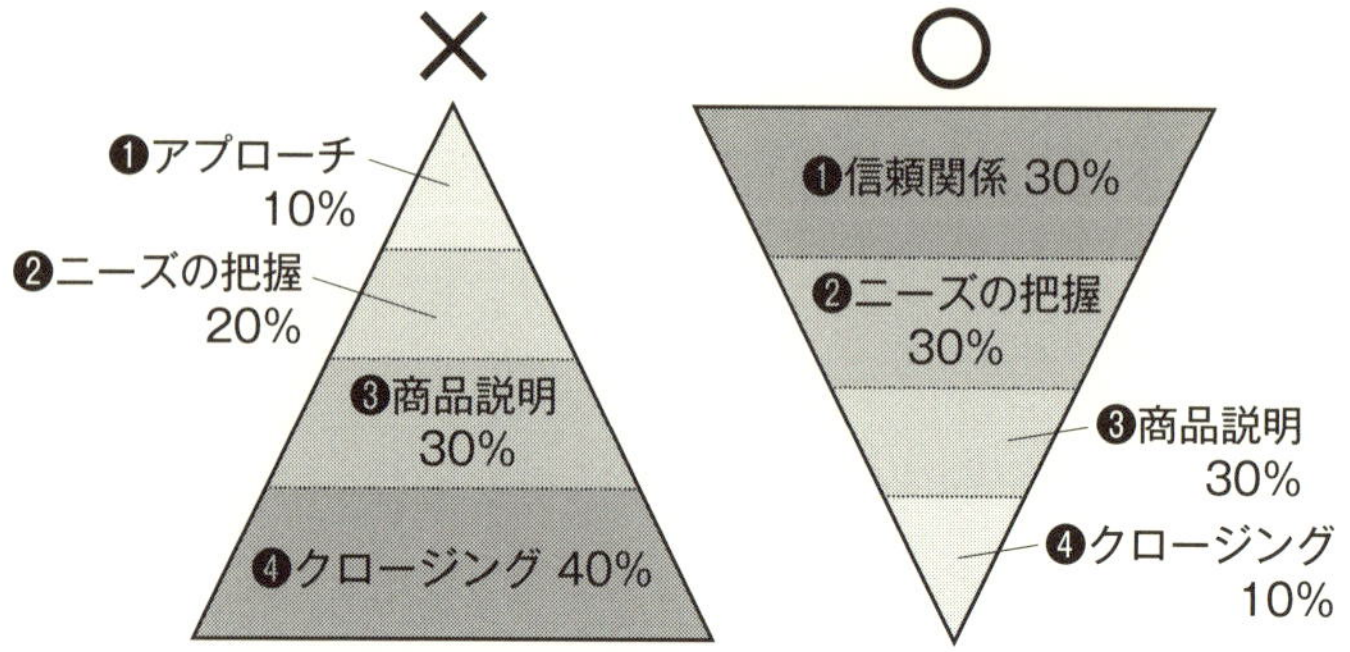

販売における時間配分の目安

えるかもしれませんね。

ところが、最終的な目標は「モノを売ること」なので、図の左のように、売り場に立つとどうしても「急」のリーディング（③）や「急2」のクロージング（④）に比重をかけてしまいがちです。

その部分に70％もの時間を費やしてしまうと、お客様に対して無理に決断を迫ることになります。その結果、何が起こるかというと……そうです、〝負のメッセージ〟を伝えてしまいます。

ですから、現場ではクロージングへの比重を少なめに、もしくはまったくやらないというのがいまの主流です。

もし、私が先ほどの「南極大陸のミネラルウォーター」の卓を打つとしたら、文字数だけで見ると「急」と「急2」が多くなってはいますが、実際に時間をかけるのは「序」と「破」の部分です。ラポールが築かれたとわかった段階で、しゃべるテンポをギアチェンジして一気に加速する形をとります。

ところが、販売経験が浅い実演販売士だと、クロージングにどうしても力を入れてしまうんですね。

買い渋るお客様を追わない余裕が必要

実演口上を1から10までお聞かせし、お客様からの質問にもちゃんと返答して、「よし、この人は買ってくれそうだ」と思った瞬間、「でもこれっていつでも売ってるでしょ？」といわれてしまった——。

正直ガクッときますよね。販売に携わっている方なら、一度はこんな経験があるのではないかと思います。お客様にこういわれたら、皆さん何と答えますか？

「ええ、いつでも売っていますよ。お待ちしております！」

満面の笑みでそう答える、というのが正解です。ところが、経験の浅い販売員だと、お客様をそこまで信用しきれませんから、売らんがためにあれこれといい募り、結局クロージングに時間をかけてしまうんです。これでは詐欺師の手口と一緒です。

お客様は、そんな販売員の心理（下心）を敏感に察知します。結果は明白、嫌われておしまいです。首尾よくお買い上げいただいたとしても、果たして次があるかどうか……。それだけならまだしも、お客様の口から悪い評判が広まる可能性だってありますね。

かくいう私も、若い頃はクロージングの段階で、「買わないの？　どうして!?」と、お客様を責め立てていました。そんなとき先輩によくこういわれたものです。

「あーあ、ヨシはバカだなあ。自分の努力をわざわざ台なしにしてさ。ニコニコしてればいいんだよ」

いまならそれがわかりますが、当時の私は違いました。

「いつでも売っていますよ」と笑顔を見せたところで、結局買ってもらえなかったらしょうがないじゃないかと。それよりも、いまここで売ってしまったほうが絶対にいい——そんなふうに思っていたのです。

そんな考えだから、笑顔だって作り笑いです。もちろんそれも簡単に伝わってしまいます。すると、「この販売員、私のことを信用していないな」と悟られてしまう。最終的にはお客様を失ってしまう——。そういうことが実際に何度かあったのです。

「これはまずいな」と思った私は、考えた末に話の構成を根本から見直すことにしました。クロージングに力を注ぐのではなく、ラポールに比重を置いた話の構成に変えたんですね。先ほどの図にあるように、6対4、もしくはクロージングなしの7対3の割合で、お客様との信頼の架け橋を築くほうに比重を置くように変更したわけです。

するとと不思議なもので、無理にクロージングをしなくてもお客様が購入してくれるようになったんですね。

ですから、いまでは心からの笑顔でいえますよ。

「ええ、いつでも売っていますよ。お待ちしております！」

「序破急」はクレーム処理にも有効

「序破急」は人間本来の行動原則に寄り添った構成法です。そこで一つの応用例をご紹介します。営業や販売に携わっていると避けられないのが「クレーム」です。ここでその具体的なクレーム対応の方法について述べます。

クレームはお客様からの「生の声」です。今後の商品やサービスの改善に活かせる貴重な意見——と、わかってはいるものの、できれば正直避けたいもの。でも「序破急」を使えば心配ありません。

お客様：「（大きな声で怒りながら）どうなっているんだ！　あんたのところの洗剤を使ったら女房が救急車で運ばれたんだぞ。何かあったら訴えてやるからな！」

担当者：「（静かに）わかりました。まずは落ちついてください。どうぞこちらへお座りください。冷静に話し合いましょう」

お客様：「冷静にだと！　テメェこら、これが冷静でいられるか!!」

これは失敗例です。クレームというのはご存知の通り、初期対応がとても重要なのですが、多くの人が、最初にお客様の怒りの気持ちや感情に合わせないといけない（ペーシングする）ことを知りません。最初からとにかく冷静に、穏やかになだめようとして失敗してしまうんです。

お客様にしてみれば、「自分はこんなに怒っているのに、こいつはその怒りをまったく理解しようとしない。まるで冷静じゃないヤツはバカだといわんばかりの対応だ！」と感じます。本当はそうしたくないのに、自分の意志とは反対に、お客様の怒りの炎に油を注いでしまうんですね。

クレームをつけるお客様は、とにかく話を聞いてもらいたいのですから、まずは胸のうちをすべて吐き出させてスッキリさせてあげることです。そのためには、謙虚に素直にクレームを「傾聴」することであって、ここで〝聞く技術〟が問われるわけです。

怒りに我を忘れた状態のお客様は、頭の中が「安心・安全」を確保しようと、脳幹がフル回転しています。当然このままでは冷静な話し合いなどできるはずがありません。

この段階でヘラヘラしたり、嫌な顔をしたり、あるいは面倒臭がったりするのは厳禁です。なかには、どう見てもこちらのミスではない理不尽なクレームもありますが、とにかく反論せずに傾聴する態度を見せることです。ここで活用したいのが「序破急」。

お客様：「(テンションが高い・大きな声で怒りながら) だいたいお宅の販売員が手袋もマスクも眼鏡もしなくていいっていったんだ！　これじゃ電話代払ってお宅に訊いた意味がないじゃないか！　おまえのところはどうなっているんだ！」

担当者：「(テンション高く、慌てながら) て、手袋も、ま、マスクも、めっ眼鏡もし

なくていいといったんですね！　それは大変ご迷惑をおかけしました。誠に申し訳ありません。早急に経緯を調べさせていただきます。まずは詳しくお話をお聞かせください」

怒りの熱エネルギーを冷ましてテンションを下げるには、まずはお客様の感情に合わせることです。「序破急」の「序」（ペーシング）です。

次に、お客様の感情に逆らわず、自分も同様の気持ちになります。自分も同じように感じていることを相手に伝え、要は同じ方向を向いて〝同志〟となり、同志の立場から事実の確認とその原因を探ることをお約束します。ここまでが「序破急」の「破」（ラポール）です。こうすることで、お客様はだいぶ冷静さを取り戻して、やっと落ちついて話ができる状況になります。

ここまで来たら、あとは問題解決に向けての対応を話し合います。お客様が求めるものが何なのか、修理、交換、返品、謝罪、弁償なのかを確認し、販売側の事情もお伝えしつつ、対応方法の提案をします。これが「序破急」の「急」（リーディング）です。

お客様が求めていることがはっきりすれば、あとはスピーディに進みます。多くの場合、謝罪や丁寧な対応（商品の再説明など）で解決することが多いんですね。

一つ覚えておきたい大事なことは、怒りの熱エネルギーが強ければ強いほど、うまく相手と信頼の架け橋が築くことができた場合には、反動でより強く、良好な関係が築けるということです。

ですから、これでクレーム処理としては一段落ではあるのですが、ここで終わってしまってはもったいない。最後は「急2」（クロージング）です。ここをしっかりやり遂げれば、ピンチをチャンスに変えることができます。

何をするかというと、二度と同じクレームが発生しないように、クレームの原因究明と対策をお客様に約束するのです。

自分の声が反映され、商品やサービスの改善に役立つとなれば、お客様自身が参画して商品を作っているようなものです。こうなると、お客様と商品との距離がグッと縮まり、お客様は確実なリピーターになってくれるはず。また、気分がよくなったリピーターは、口コミで商品を宣伝してくれる可能性も大です。

ここまでの流れをまとめてみると次のようになります。

★クレーム処理のプロセス

①「序」（ペーシング）
まずは素直に謝って、テンション、エネルギー、声の大きさや話すスピードをお客様にペーシングしながら話を傾聴する。

②「破」（ラポール）
お客様と同じ気持ちになって事実の確認と原因を探る。

③「急」（リーディング）
お客様の問題解決のために対応方法を話し合い提案する。

④「急2」（クロージング）
クレームの原因究明と対応を約束する。

以上が「序破急」を活用したクレーム処理の方法です。ぜひご活用ください。

◎コラム◎　小さなお客様に感謝！

私が秋葉原で実演販売をしていたときのこと。ある日曜日、小学生3、4年生ぐらいの男の子が私の実演販売をじっと見ていました。そして見終わったあと、男の子は私に尋ねました。

「これはいつでも売っているんですか？」

その頃の私は、すでに話の構成を「ラポール」（=陣寄せ）中心に組み替えていたので、余裕の笑顔で、「ええ、いつでも売っていますよ。お待ちしてますよ！」と答えました。

それからその子は、毎週日曜日になると私のところにやって来ては、同じ質問を繰り返すようになりました。私はその都度、笑顔で同じ答えを繰り返しました。

そして一ヵ月後――。その日も男の子はやって来ましたが、いつもとはちょっと様子が違いました。どうしたのかなと思っていたら――、

「あの、これください！」

なんとその子は商品を買ってくれたのです。しかも驚くなかれ、男の子が買ったのはおもちゃやゲームなどではありません。主婦が使うような単なる家庭用品なのです。

私は何度かこの子とのやりとりを繰り返すうちに、「まぁ子供のことだからなあ」と、正直あきらめムードでした。それがこの日、お金を握りしめた小さな手をこちらに元気よく差し出したのです。私は感動で胸がいっぱいです。

そんなことがあってから、私はその日がたとえ期間限定販売の最終日であっても、「あとで取り寄せできますから、いつでも買えますよ！」

そういって、お客様を安心させるようになりました。すると不思議なもので、私がそう返答するようになると、

「いつでも売っているんでしょう？」と質問したはずのお客様が、

「でも、あとで来るのも面倒だから、やっぱりいま買っていくわ！」

そういってお買い上げくださるようになったのです。

「いつでも売っているんでしょう？」という言葉は、いってみれば販売の最終関門、最後のテストみたいなものだったんですね。

そのことを教えてくれた、小さなお客様に感謝です！

◎コラム◎　ガマの油売り

皆さん、「ガマの油売り」はご存知でしょうか。「実演販売の元祖」といってもいいかもしれません。

さあーさあーお立ち会い。ご用とお急ぎでない方はゆっくりと聞いておいで。遠目山越え笠のうち、聞かざるときは物の出方善悪黒白がとんとわからない、山寺の鐘がゴーンゴーンと鳴るといえども童子来たって鐘に撞木《しゅもく》をあてざれば、鐘が鳴るのか撞木が鳴るのか、とんと鐘の音色がわからない。さて、お立ち会い――

あれはずいぶんと前のことになりますが、修学旅行のときに鑑賞用のガマの油売りを見学した覚えがあります。それとは別に、私は一度本物の大道芸も見たことがあります。

ちなみに、「ガマの油」というのは切り傷によく効く軟膏のことで、いまでは薬剤師か販売許可を持っている人じゃないと取り扱いができません。立派な薬事法違反です。

それはさておき、「ガマの油」の見せ場は、サッと刀を抜いて、「一枚が二枚、二枚が四枚、四枚が八枚……」と紙を切っていくところ。それが最後には紙吹雪になって、パッと撒《ま》くのがなんとも華やかです。こうやって、その刀がいかに切れ味鋭いかを観衆にドラマチックに見せるんです。

そうやって盛り上げておいて、「これなる名刀もひとたびこのガマの油をつけるときはたちまち切れ味が止まる、押しても引いても切れはせぬ」と、今度はその刀で自分の腕を切っても切れない。ところが、「というてもナマクラになったのではない、このようにきれいに拭き取るときは元の切れ味となる」といって大根をスパッと切ってみせる。この切れ味鋭い刀も、ガマの油を塗ってしまえば切れなくなる。そのくらいガマの油っていうのはすごい！ とやるわけです。

さて、私が見た大道芸のガマの油売りは、「切って見せるぞ、切って見せるぞ」と、さんざん思わせておきながら、結局最後まで切りませんでした。でも、しまいには切ったかどうかも忘れてしまいました。本当に切らなくても、聞き手の想像力がそれを補ってしまうくらい聞き惚れてしまうくらいの迫真の実演だったのです。

あのガマの油は本当のところ効くのかどうか――その「？」という空白が、いまも私の胸の内でくすぶっています。誰か教えて!!

「売」にはいろいろなタイプがある

さて、ここで実演販売の現場の話を少ししたいと思います。まずは、本書のタイトルにもなっている「売《ばい》」について。

皆さんもご存知の映画「男はつらいよ」の主人公、寅さんの販売スタイルのことを、業界用語で「啖呵売《たんかばい》」といいます。文字通り、啖呵を切ってモノを売るスタイルのことです。でも、いまこの売り方をする実演販売士はいません。こんなことしたら捕まってしまいますからね。

冗談で啖呵売ができるのは、高級ジューサーミキサーを売っている大御所のH氏ぐらいのものです。ほかにも、笑わせながら売る「チャラ売」や、泣き落としの「泣き売」なんていうスタイルがあります。病気を治す薬や薬草などを売る「ニガ売」は、いまでは立派な（？）薬事法違反です。とにかくいろいろな売り方があるわけですが、それらはいずれも〝変化球〟です。

チャラ売、泣き売、啖呵売やニガ売といった変化球は、「熱売《ねつばい》」という直球があればこそ活きます。

熱売とは、愛と情熱をもって一生懸命に売るという、じつに単純な方法で基本中の基本です。

実演販売士というのは、サッカーでいえば最前列で体を張るFW（フォワード）です。どんな場所にだって飛び込んでいくし、どんなボール（客、商品）にだって反応してみせます。もちろんすべての要請を受け入れられるわけではないけれど、一度受けると決めたからには結果（＝ゴール）がすべて。それがわれわれの仕事です。

最前列に立つ実演販売士が熱くなければ、伝わるものも伝わらないし、売れるモノも売れない。作り手であるメーカーの熱い想いや、場所を提供する販売店のお客様に対する気持ちといったものをすべて呑み込み、彼らの代表としてお客様にそれを伝えるのが私たちの仕事です。

そうやって売ったり、教えたり、伝えたりする上でとても重要なのが「熱」です。これは「情熱」とか、「魂」とか、「エネルギー」とかいろいろな呼び方がありますね。実演販売の場合は「熱く語る」、これに尽きます。

実演販売でもっとも基本の売り方である「熱売」は、シンプルにひたすら汗をかきなが

ら一生懸命に話して売るというもので、特別なテクニックなどありません。売れなくてもへこたれず、「一生懸命がんばっているなあ」という愚直なまでの誠実さがすべて。

そんな熱売する姿を見たお客様の中には、自らの経験を踏まえて、「営業・販売というのは、とてもしんどい仕事だ」とわかっている方が大勢いますから、その愚直なまでの誠実さに「共感」（もしくは同情）して財布のひもが緩むんです。

私の先輩の実演販売士に、こんな落とし文句を使う人がいます。

「納得された方、ひとりだけ買ってください。ひとりが買ってくれると、バッタバッタと7、8人が買ってくれるんだけど、最初のひとりが買ってくれるまで、すごく時間がかかるんです！」

この落とし文句は、散々「熱売」をして、愚直な誠実さをアピールしたあとでないとまったく効き目がありません。ですから逆に、小手先のテクニックが1ミリでも入ってしまうと、いくら汗をかいて「熱売」してもうまくいかないんですね。

一方、「チャラ売」という販売方法があります。「チャラ売」とは、文字通りチャラチャラ冗談ばかりいって場を盛り上げる売り方です。「騙されたつもりで買ってね！」的な、シャレと、軽さと、いい加減さを非言語メッセージで発信するんです。

仮にお客様から商品へのクレームがあっても、売り方がこの「チャラ売」だった場合、あまりの軽薄さに文句をいう気も失せてしまうので、実演販売士としては、お客様からの「ノー」（拒絶）というストレスや恐怖を感じなくて済む楽な売り方なんですね。お客様にしても、チャラ売は聞いていて楽しいし、警戒心も湧かないので、近寄りやすいし親近感も湧きます。そういう長所があるんです。

その代わり、チャラ売は言葉が軽く薄っぺらになりがちなので、商品に対する信憑性には欠けます。ですから、高額商品やブランド品を売るのには向いていません。あくまでも「騙されてもいい」程度の商品に効果がある売り方なんです。

さて、「熱売」は基本中の基本です。でもお客様の立場でいうと、ただひたすら熱く語っているだけですから、最初からそんな感じでやられてしまうと、見ているほうはその熱がうっとうしく感じられますし、とにかく疲れちゃうんですね。ですから、お客様はどうしても遠巻きのままになりがちです。「陣寄せ」もしづらい。

そこで、私たち実演販売士は、最初「チャラ売」でお客様をできるだけ引きつけておき、最後は「熱売」にギアチェンジしてクロージングまで持っていきます。最後までチャラ売で行ってしまうと、言葉に信憑性がありませんから、クロージングができない。ですから、最後の段階では「熱売」にシフトチェンジするわけです。その愚直なまでの誠実さのおかげで、お客様に信頼感を与え、納得して買いやすくするんですね。

こうしたそれぞれの売り方のいいところを活用して、私たちは実演販売をします。状況に応じて販売方法を変える。お客様の心の変化を促す。これも序破急の一つです。

驚きのあるイベントが聞き手の心をくすぐる

「序破急」と「陣寄せ」について整理しておくと、「序破急」は販売のための重要な心理的手続きでした。これを手順通りにきちんと踏んで行えば、密度の濃いコミュニケーションを楽しむことができます。

また、「陣寄せ」のタイミングは、お客様の脳裏に「空白」が生まれたときでしたね。話し手に対して「好意」を持ち、「安心・安全」を実感したあとに「空白」を提示する。この三つの条件が揃わない限り、「陣寄せ」してラポールを築くことはできません。「序破急」でいうなら、「破」と「急」のあいだが「陣寄せ」の絶好のタイミングです。

逆に、この三条件を揃えたのに、その後のアクションを起こさないでいると、お客様は途端にしらけてしまいます。モーションをかけられて〝好き〟になったのに、いつまで経っても手も握ってくれなくて、「もうバカ、大ッ嫌い！」みたいなものです。このタイミングを逃すと二度と振り向いてくれませんよ。

また、ダラダラと「陣寄せ」をするのもダメです。聞き手は、自分ひとりで話し手の前に出て行くことに抵抗があるのですから、お客様をひとまとめにして、一気にスパッと距離をつめさせるように誘導します。

さて、実演販売の魅力はおもしろおかしい実演口上もそうですが、なんといってもわかりやすくて驚きのある〝実演イベント〟です。

じつのところ、実演販売士はスベらない話よりも、聞き手の心をくすぐる実演イベントのほうを重視しています。お客様にとっても、実演は商品をわかりやすく教えてくれるものですし、その場で商品の効果をしっかりと確かめられます。そのためにも、いい実演イベントが必要なんですね。

実演イベントを考えるときには、「五感」の情報を意識します。商品の効果効能を言葉ではなく目で見えるように、あるいは耳で聞こえるように、手で触れられるように、匂いで嗅げるように、舌で味わえるようにして伝えるのです。これができればまさに「鬼に金棒」で、目をつぶっていても売れること間違いなしです。

ある家電メーカーは、掃除機の吸引力をアピールするためにこんな実演をしました。床に砂をまいて、その上にマットを敷きます。そのマットの上から掃除機をかけるのです。普通はマットの下の砂は吸い取れませんよね。ところが、この掃除機はマットの上から下の砂を吸い取ってしまうんです。「見てください、すごいでしょ!」という実演です。

ここで使われるマットと砂は、なんと特注品です。私たちも実演イベントを成功させるためにいろいろと試行錯誤を繰り返しますが、何千万円もかけて特注品を作る大手メーカーにはまったく恐れ入りました。そのぐらい実演イベントは企業にとっても重要だということです。何億もかけて実演イベントを開発するメーカーもあるほどですから。
とにかく、説得力とインパクトのある実演イベントを見せることで、売上がまったく違ってくるということです。

　でもなんといっても掃除したいのはここじゃないでしょうか。ギトギトベトベトの油汚れ、換気扇の掃除、レンジまわり、レンジの下にあるお魚焼くグリル。油汚れって1年間放っておくと固まって樹脂化するでしょ。樹脂化した油汚れはですね、どんなに強力な液体洗剤を使っても取れないんですよ……（中略）……そこで「超電水クリーンシュ!シュ!」、コレ、0℃で凍って100℃で沸騰する水100%でできています。ですから、原液そのまま熱を加えることができるんですね。……（中略）……コレ、あらかじめ温めておきました別名「ホットクリーンシュ!シュ!」。耐熱ガラスに「シュ!シュ!」の原液を入れてレンジで1分から1分半、チンをします。……（中略）……さあ、見てください。あれだけ頑固で樹脂化した油汚れがあっという間に取れてしまうんです。すごいでしょ。

冒頭の実演口上で、私が電解アルカリイオン水100％のクリーナーを電子レンジで加熱して、樹脂化した頑固な換気扇の油汚れを取って見せるシーンです。

ここでは、実際に市販されている液体洗剤では取れないことを見せた上で、比較対照の形で行いますから、かなりのインパクトがあります。魅力的な実演イベントです。

これにまつわる、ちょっとした裏話なんですが、この電解アルカリイオン水100％のクリーナーを初めて扱ったとき、触ってベタベタするような油汚れはすぐに落ちたものの、樹脂化して固まった油汚れに関しては、お客さんを納得させられるほど、きれいには落ちてくれなかったんですね。

「何とかして、もっときれいに落ちないものだろうか？」

そう考えて、試しに電解アルカリイオン水を電子レンジにかけて温めてみたのです。「常温の水よりもお湯のほうが汚れ落ちがいい」という単純な発想からです。

それで実際にやってみたら、いままでの液体洗剤では考えられないほど、樹脂化した油汚れが見事に落ちたんですね。そこで、メーカーに詳しく調べてもらったところ、温度が10℃上がると、洗浄力が約1・5倍アップすることがわかりました。このデータによって、お客様に自信を持って実演販売ができるようになりました。メーカーと販売担当がタッグを組んで、実演イベントを進化させたという例ですね。

実演イベントは、「百聞は一見にしかず」を、お客様に劇的に見せつけることです。たとえば、テフロン加工のフライパンを使った薄焼きたまごの実演イベントを、テレビなどでご覧になったことがありませんか？

鉄のフライパンなら、油を引かないとたまごが焼けないのですが、テフロン加工なら油は不要です。そればかりか、焦げつかないので「ふぅーっ」と息を吹きかけると、薄焼きたまごがふわりと浮き上がるんですね。これを最初に見たお客様の驚く顔といったら……。

私も実演イベントを見たことがありますが、売台にお客様が殺到していました。

実演道具は身近なものを活用する

皆さんも商品説明で実演をする機会があることでしょうから、ここで実演イベントの基本的な考え方を述べておきます。

実演道具のことを、実演販売士の業界用語で「ハッタリ」といいます。先ほどこの「ハッタリ」に、大手メーカーは何千万もの費用をかけるという話をしましたが、何でもお金をかければいいというわけではありません。

昔、Kさんという実演販売士がいました。この人は元手品師で、考えることがちょっと奇想天外でした。私が最初にお会いしたときは、ドイツ製の包丁の実演販売をしていて、ふと見ると、売台の上にでかい木の幹みたいなものが横たわっています。そこにドイツ製の包丁が突き刺さっていました。

「Kさん、これ何ですか？」

「マンモスの骨です」

なんと、「マンモスの骨でも切れる包丁」というキャッチフレーズなのです。売台の横には大きな実験機械が置いてあり、それで包丁の硬さを調べるのだといいます。その機械、Kさん曰《いわ》く、「数百万円したよ」。なんとまあ思い切ったことをしたものです。

ところが、まわりを見渡してみると、隣の実演は黒山の人だかりなのに、Kさんの売台だけ人っ子ひとりいません。でも、それはそうですよね、だって誰もマンモスの骨なんか包丁で切りませんから。

時と場合によっては、特殊な機械や奇想天外なものを使って、お客様に真似のできない

実演イベントをするのもいいでしょう。しかし、実演道具はなるだけ身近なもの、お客様が想像できる範囲内のものを使いましょう。お客様が家に帰ってからも真似できることが重要だからです。

いくらサービス精神旺盛でお客様を驚かそうと思っても、聞き手が持っているイメージとかけ離れてしまえば、お客様の脳裏に「空白」が生まれません。そうなれば、お客様は話についていけなくなります。お客様が想像しやすいものを小道具にしたほうが、話を聞きやすいんですね。

誰でも真似しやすい実演イベントであれば、お客様が自ら〝実演販売士〟となって、商品を買ったあと、自宅で家族相手に実演を見せてくれたり、クチコミで知り合いに広めてくれたりする可能性が高いんです。ですから、「実演道具は身近なもの」、「実演イベントは誰にでも真似できる内容で」が鉄則です。
ちなみにKさん、聞くところによると半年間サルを調教して包丁を扱えるようにしたとか。「サルでも切れる包丁」という売り文句で、有名百貨店で実演販売をしたそうです。ところが、子供さんがサルにちょっかいを出して、サルがそのお子さんをひっかいてしまいました。それで出入り禁止。以来、Kさんを見た人はいないそうです。

……そこでお客様、すみません、ちょっと腕時計を貸していただけますか？　はい、一見きれいに見えますが、時計のバンドの中は汗のタンパク質ですごく汚れているんです。夏場になるとここからニオイが出てしまいます。

体 ニオイに言及する

そこで「超電水クリーンシュ！シュ！」は、油汚れだけではなく体から出てくるタンパク質の汚れにも強いんです。見てください、ほら!?　キレイになるでしょ。

目 汚れを取って使用前使用後を見せる

これまた冒頭の実演口上です。ここで私は、電解アルカリイオン水100%のクリーナーを使って、お客様が身につけている腕時計のバンドの汚れを取って見せていますが、これも実演のテクニックの一つです。腕時計というのは、お客様にとって身近なものです。その汚れを実際に落として見せる。これがとてもインパクトのある実演なんですね。

実演のときには、こちらで事前にいろいろなタイプの汚れを用意します。それを目の前できれいにして見せるわけですが、それを皆さんが素直に受け取ってくれるわけではないんです。何だか胡散《うさん》臭い目で見ている人が必ず何人かいて、そういう人は、「その汚れ、どうせニセモノなんだろ!?」と思っているわけです。

ところが、そういう人ほど、この腕時計の実演で強烈なインパクトを受けてしまう。それはそうです、実際に自分が身につけている腕時計の汚れを落とすんですからね。その反動が大きければ大きいほど、一気に〝その気〟になるわけです。

また、聞き手がちょうど買い物の途中で、買い物袋に野菜や果物が入っていたら最高です。同じようにちょっとお借りして、電解アルカリイオン水で野菜を洗って見せます。ベジタブル・クリーニングと私は呼んでいますが、こうすると、水道水では落ちない汚れがみるみる落ちてきれいになるんです。

このように、聞き手の身近なものを小道具にすると食いつきがまったく違います。さらに、真似がしやすい実演イベントであればなお結構。これを見て商品を購入した人は、間違いなく自分の身近な人にもやって見せてくれます。つまり、勝手にサクラをやっていただけるというわけです。

ただし、道具を使って実演をする場合には、実際に効果が確かであることを証明でき、それについての客観的で合理的なデータがある場合に限ります。法令上の問題に抵触する可能性を否定できない場合には注意が必要です。

資料は見せるだけで読ませない

即効性のある実演が見せられない場合には資料を多用します。紙芝居、フリップショー、スライドショーなどですね。この場合、文字を読ませるような資料は不要です。ここでは読んで理解してもらうのではなく、見せることで聞き手の視線を釘付けにすることが目的です。したがって、一枚の資料につき、見せ場は一つにしぼったほうがいいでしょう。聞き手があちこちに目をやるようだと集中力が散漫になってしまいますからね。

また、資料の見せ場を一枚につき一つにすると、全体では数ページの〝ページもの〟になります。ということは、ページを〝めくる〟という行為が必要になる。じつはこれがとても効果的なのです。

この〝めくる〟という行為には、「次は何だろう？」という「空白」が生じます。したがって、集中力を高めてくれるんです。そして、めくったときに謎が解けて満足感が得られます。ニュース番組やバラエティー番組でもよく使われる手法です。

このめくる行為に緩急をつけるとさらに効果的です。ゆっくりとした低速から、ギアチェンジして高速でフリップをめくることによって、聞き手の視線をのめり込ませるというテクニックです。

〝指さし〟という行為も同様の効果があります。注意していただきたいのは、中途半端にしないこと。はっきりと威厳を持って、聞き手の視線を誘導します。マーフィー岡田さんの、「見て！　見て！　見て！」くらいに、はっきりと大胆に行うことです。

このように、即効性のある実演イベントがなくても、聞き手の視線を釘付けにすることはできます。フリップショーや紙芝居だけでも陣を作ることは可能です。

覚えておきたいことは、聞き手の視線を長く一点にとどめて集中させること。それができれば、買いたい気持ちに近づけることは簡単です。

場所によって目線を変える工夫

さて、実演販売のときに、買う可能性の高いお客様はどの場所にいると思いますか？「実演販売士の真正面」と思われる方が多いかもしれません。いかにも特等席という感じがしますが、じつはここ、あまりよい場所とはいえません。

真正面というのは、実演の途中に聞き手が目を逸らしたいと思っていても、その自由が利きません。実演販売士の視線があるために、目のやり場に困って気疲れしてしまうのです。これは実演販売に限ったことではなく、交渉のテーブルで席につくときも同じです。正面の位置で向かい合うのは、意見をぶつけあうときの座り方で、これを「対立の関係」といいます。

こうした事情がありますから、実演販売士は正面のお客様とは視線を合わさずに、お客様の胸のあたりに視線を置くように心がけています。そうすることによって、お客様に視線の自由を与え、余計な気づかいをしなくて済むようにするのです。話に集中していただくための工夫です。

お客様にとって一番居心地がいいのは、実演販売士の両サイド、斜め45度の場所。ここがもっとも好ましいポジションです。実演販売士の視線を必要以上に意識する必要がなく、しかも実演販売士の手元はもちろん、他のお客様のリアクションも確認できるので、落ちついて話が聞けるんですね。

これは交渉のテーブルでも同じことがいえます。この斜め45度の角度は、相手としっかり会話しながらも相手の視線を気にせずに考えをめぐらすことができ、距離も近いので親近感が湧きます。話を上手にまとめたいときは、この位置に座りたいところです。

余談ですが、情を通わせたい相手とならば、お互いが同じ方向を向いて横に並ぶことをお勧めします。これは「情の関係」という位置関係にあたり、恋人同士のようにもっとも距離が近くなります。バーのカウンターを想像するとよいでしょう。相手の目は見にくくなるものの、自分の心に秘めている思いを告白するには都合がよく、口説きやすい位置なのです。

最後に、実演販売の台（売台）について。この設置にも気をつけたいことがあります。

私たちは実演台の角を気にします。売り場の担当者が実演販売のことをよく知らないと、実演台の角を全部、壁や他の台につなげてしまいます。そうなると、お客様が実演を見られる位置が正面しかなくなるでしょう？　つまり、「対立の関係」になってしまうわけです。

実演販売をする上で理想的な実演台は、四隅が全部切れていること。また、実演台の大きさは６尺（１８０㎝×90㎝）が基本。それよりも小さければ実演が見にくく、逆に大きいと距離が遠くなるので心理的な距離も遠くなります。

実演台の高さは90㎝ぐらいが適当です。ただし、その高さだと聞き手が普通に歩いていると視界に入りませんので、自然に歩いていても視界に入る高さにポップをつけたり、実演道具をハンガーで吊したりするなどの工夫が必要です。

人目を引く高さは、一般的に１３５㎝がよいといわれています。スーパーやコンビニの棚でも、この高さに置いてあるものは、お店側が販売に力を入れているもので、よく「ゴールデンライン」なんて呼ばれていますね。

これと同じ要領で、実演道具や資料は実演台にじかに置くよりも、高さ１３５㎝くらいの位置に立てて置いたほうがベターです。商品を展示販売する人は、ちょっと注意してみてください。

「売の極意」Ⅲ

〝五感〟に売り込む方法

本章では、「利き五感」という人間のクセを、販売にどう活用したらよいのかを解説します。

人は情報を「省略・歪曲・一般化」している

実演販売で商品が売れるのは、いうまでもなく〝コミュニケーション〟の成果です。そもそも、皆さんが本書を手に取ったのも、「見知らぬ人を相手に、短時間で商品を売る実演販売には、きっとすごいコミュニケーション・スキルがあるに違いない！」と考えたからでしょう。

最近は販売や営業のシーンに限らず、コミュニケーション全般で悩んでいる人がじつに多いようで、書店に行けばその手のハウツー本がたくさん並んでいますから、どれだけの人がコミュニケーションで悩んでいるかがよくわかります。

コミュニケーションがうまくいかない大きな理由としては、**言葉がうまく通じないから**というのがあると思います。話しているのは同じ日本語でも、言葉の意図するところが違っていたら、それはもう違う言葉と同じです。

言葉が通じなければ意志の疎通もできないわけですが、そこでカギとなるのが「常識」です。私たちは通常、常識に沿って行動したり言葉を使ったりしています。その常識っていうのが曲者《くせもの》なんですね。「常識＝基準、共通認識」という考えは、じつは勝手な思い込みです。「常識なんて人それぞれ」ということをついつい忘れてしまう。

人はいろいろな情報を取捨選択しています。その情報は、人が独自の方法で**「省略・歪曲・一般化」**しています。

たとえば、皆さんの利き手はどちらでしょう？　私は右利きです。でもどうして左手もあるのに右手を優先的に使うのでしょうか。両手を自由自在に使えたほうが便利なのに。でも、現実にはそうはなっていませんよね。

これはやっぱり、人間が「安心・安全」を本能的に求めた結果なんです。危機的な状況に直面したとき、「さて、ここで右手を使うか？　それとも左手を使うか？」なんて迷っているヒマはないんですね。つまり、来るべき危機を想定して、どっちを優先的に使うか、あらかじめ決めているんです。本能的なリスクヘッジですね。

つまり、右利きの人は左手を「省略」し、右手のほうが安全だと「歪曲」し、繰り返し使うことによって右手を「一般化」している。そうやって〝クセ〟をつけているわけです。

この「右利き・左利き」の理屈でいけば、皆さんが「常識」だと思っていることも、じつは単なるクセに過ぎないということです。自分では客観的だと思っていても、それは限りなく主観的なんですよ。

結局、同じ言葉をしゃべっているのに話が噛み合わないのは、言葉の意味するところのズレ、すなわち〝クセ〟を無視しているから。それでコミュニケーション不全を起こしてしまうというわけです。NLPが最初に「傾聴」から入るのは、このクセを探るためなんですね。

ただしクセとはいえ、右利き・左利きのように、ある程度の〝パターン〟は存在します。その証拠に〝なんとなく気が合う人〟がいるでしょう？　それは、その人とあなたのクセのパターンが共通しているからなんですね。

ということは、相手のクセのパターンさえわかれば、コミュニケーションの不都合は避けられるし、気が合わない人とでもスムーズに会話ができるはずです。

販売や営業は相手を選べませんから、どうにも合わない人のひとりやふたり、あなたもすぐに顔を思い浮かべられるかもしれませんね。たとえそんな人が相手であっても、あるいはこれから初めて会う人とでも、その人のクセのパターンを事前に知ることができれば会話はうまくいくはずです。そうなれば、ずいぶんと営業のストレスも軽減されるはずです。その方法、お教えしましょう。

五感のクセがコミュニケーションを妨げる

さて、お互いに真面目に話をしているのに、どうも相手との会話がうまく噛み合わないという経験はありませんか？　たとえばこんな感じですね。

A「私にはどうも御社のビジョンが見えないんだよね」
B「どうしてそう感じていらっしゃるんですか？」
A「御社が何をしようとしているのかが見えてこないんだよ」
B「大丈夫です。そのうち順調にいっていることを実感できます」
A「そのうちなんとかではなく、わかりやすく明確に見える形で示してよ」

この会話がうまくいかないのは、先ほどの〝クセ〟に原因があります。そのクセとは何でしょうか？　この短い会話には、はっきりとした特徴があります。両者の言葉使いをよ～く見てください。

もうおわかりでしょう。Aさんが「見える（見えない）」という言葉を多用しているのに対し、Bさんは「感じる（実感）」という言葉で応答しています。じつはこれがクセなんです。その理屈を簡単に述べましょう。

人間の情報の入り口は五つです。「視覚・聴覚・触覚・嗅覚・味覚」のいわゆる「五感」です。この五感を通じて膨大な量の情報が脳に流れ込みます。脳はその情報を、目的に応じて「省略・歪曲・一般化」して処理します。それがクセです。そうしなければ、脳は情報の洪水に溺《おぼ》れてパンクしてしまうからですね。

この五感からの情報量を多い順に並べると、1位「視覚」、2位「聴覚」、3位「触覚」、4位「嗅覚」、5位「味覚」となります。また、順位が下がるごとに百倍ずつ情報量が落ちるといわれています。

このうち、3位から5位の「触覚・嗅覚・味覚」をひとまとめにして、全体を三つに分けます。

「視覚」→目　「聴覚」→耳　「身体感覚」→体

クセというのは、この三つの感覚のうち、どれを一番重要視するかが人によって異なるということです。このクセのことを**「利き五感」**といいます。

先ほどの会話でいえば、Aさんは「見る」を連発していますから「視覚重視」、Bさんは「感じる」ですから「身体感覚重視」というわけです。そして、それぞれが自分のクセを優先して話をしているものだから、話がさっぱり噛み合わないという寸法です。こういうときは、Aさんに対してBさんが「利き五感」を合わせると会話がうまく運びます。

A「私にはどうも御社のビジョンが見えないんだよね」

B「そうですか。どう説明すれば、具体的に**見えて**くるのでしょうか」

A「今後の販売台数の見通しや、将来の方向性を具体的にイメージしやすくしてほしいんだ」

B「わかりました。では、資料を作成してスライドで**お見せ**しましょう」

A「ありがとう。弊社としては、この先20代から30代の女性に狙いを定めていきますから――」

たったこれだけのことで、「こいつは話がわかるやつだ」と信用され、好感を持たれるようになります。これが大事なことなんですね。

ここで冒頭の実演口上の下段にある但し書きに戻ります。たとえばこれ。

目 汚れを取って使用前使用後を見せる

これは、視覚重視の人に対するアプローチを意味します。つまり「目に売り込む」わけです。同様に耳は「耳に売り込む」、体は「身体（触覚・嗅覚・味覚）に売り込む」ということなんです。

先ほどのAさんとBさんの会話であれば、どちらかのクセを中心にすればうまくいくわけですが、実演販売は複数のお客様を対象に行うものですから、いろいろなクセを持った人が混在している状況です。したがって、できるだけ多くの人たちから信用され好意を持たれるために、実演販売士はまんべんなく目、耳、体へのアプローチをバランスよく繰り返す必要があるというわけなんですね。

「利き五感」によって反応する言葉が変わる

卓を打っていると、人によってどの実演に反応するか、どの言葉に反応するかが微妙に異なることに気づきます。

でも最初は不思議議でした。こちらのスタンスは同じなのに、お客様の反応が違うわけですからね。こちらが意図しないところで反応があったりするんです。

「これにはきっと何か理由があるはずだ」と思っていろいろと調べた結果、「利き五感」というクセがあるのだということを知って納得がいきました。

でも考えてみれば、絵描きさんは視覚からの情報を重視しますし、オーケストラの指揮者なら聴覚情報を、料理人は味や匂いが重要ですから身体感覚の情報を重視するのが普通です。ということは、五感の中で鋭敏なところと、逆に鈍感なところができても何ら不思議ではない。これは「右利き・左利き」と同じように〝クセ〟なんだなとわかったわけです。クセがあるから、反応したりしなかったりするんだなと。

ならば、これを利用しない手はないということです。その人の「利き五感」に応じて、話が通じやすくなる言葉があるわけです。

目視覚重視の人がよく使う言葉

見える、見通し、見方、明るい（暗い）、はっきりしている

「話がわかった→話が見えた」など

耳聴覚重視の人がよく使う言葉

聞こえる、考える、思う、リズムが合う、耳触りがいい

「あの人とは気が合わない→どうもリズムが合わない」など

体身体感覚重視の人が良く使う言葉

感じる、触れる、重い感じ、気になる

「いい話→オイシイ話」、「意味がわからない→意味が掴めない」など

コミュニケーションがうまくいかないのは、この利き五感を無視している可能性があると考えてみてください。目の人に耳の言葉で話しかけると、まったく話が通じないということはないかもしれないけれど、「何だか合わないな」と感じさせてしまうことはあるかもしれない。それは得策ではありません。

ところでこの利き五感、なかにはごくまれに三つの感覚すべてに優れている天才肌の人や、「内部対話重視」といって、聴覚重視に似たパターン（外部の声や音ではなく、自己内部の声や言葉を重視する）というのもありますが、ほとんどの人が、**目**か**耳**か**体**のうちのどれかを、本人の意思にかかわらず重視しています。となれば、「相手の利き五感を知るにはどうすればいいのだろうか？」ということに興味を持つ人がいるでしょう。

でもその前に、まずは自分の利き五感を確認しておきましょう。「敵を知り、己を知れば百戦して危うからず」っていうやつです。

「なくて七癖《ななくせ》」なんていいますが、実際、自分のクセというのは意外にわからないものです。２１４〜２１６ページに、利き五感のチェックする項目をいくつか挙げてみました。それを参考に、ご自身がどの感覚を重視しているのかを調べてみてください。一番思い当たる点が多いものが、あなたの利き五感です。

恋愛の成否も利き五感にかかっている!?

ところで、恋愛というのはコミュニケーションが最高にうまくいっている状態ですね。

カップル

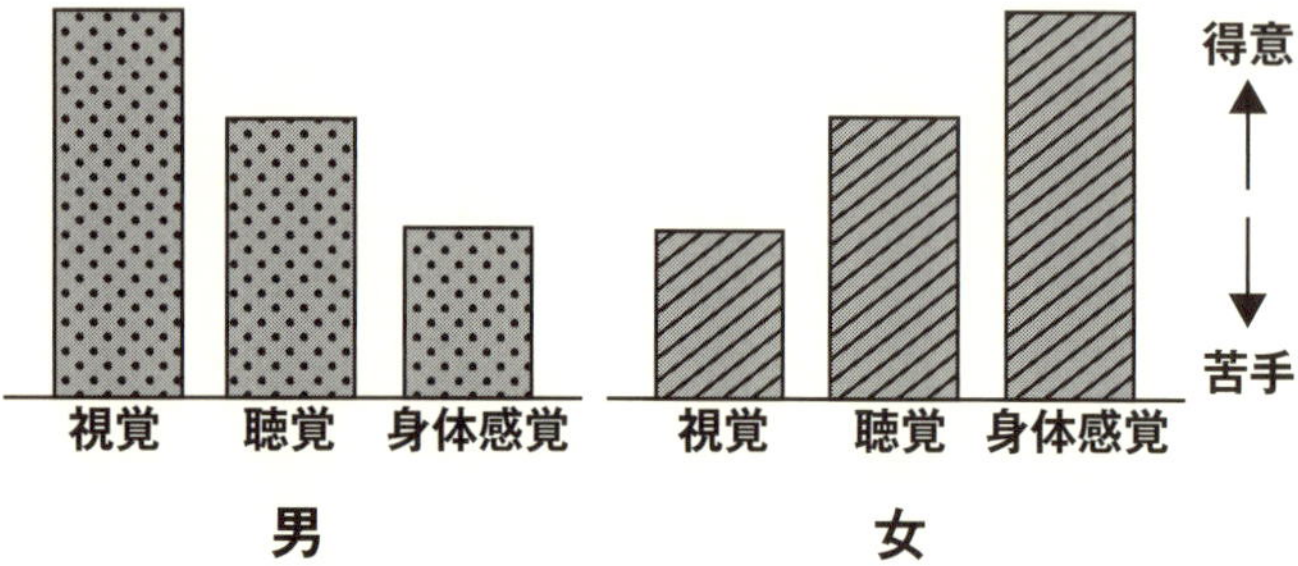

でも、もしカップルの利き五感が違っていたらどうなるでしょう？　まずは上の表をご覧ください。

このカップルは、男性は**目**、女性は**体**です。しかもよく見ると、お互いの苦手な感覚が相手の利き五感になっています。

さて、ふたりが出会って3年経ったある日のこと。きょうは彼女の誕生日です。この日、彼氏は彼女に何をプレゼントしたでしょうか？

ちなみに人間というのは、出会って3年間はPEA（フェニルエチルアミン）というアミノ酸が脳内で分泌されるとかで、利き五感が違っていても、恋愛感情が燃えあがるようにできているそうです。神様の粋な計らいというべきか、罪作りな気まぐれというべきか……。

さて、彼氏は視覚重視の人なので、目に見えてとびきり派手なプレゼントを彼女に贈りました。彼氏が贈ったのは大きなクマのぬいぐるみ。これが彼氏にとって最高の愛情表現なんですね。

一方、身体感覚重視の彼女は、それをもらっても、ちっとも嬉しくありません。バラ色の3年間が過ぎ、利き五感の違いがむき出しになると、もう感覚のズレが我慢できない。

「ちょっと、なんで私の誕生日プレゼントがクマなわけ？　いらないわよ、こんなものっ！」

彼女は見た目が派手で大きなモノよりも、彼氏とおいしいものを食べて（嗅覚、味覚）、イチャイチャして（触覚）誕生日を祝ってほしかったのですよ。それなのに、身体感覚が一番鈍感な彼氏はそれに気がつきません。このままだと、このカップルは愛している気持ちがあるにもかかわらず、すれ違いが重なって愛情が冷めてしまうかも――。

いまのは極端な例ですが、好きで付き合っているからといって、相手が同じ利き五感じゃないのなら気をつけたほうがいいですよ。

そこで、聴覚重視の男性にひとこと。利き五感の違う彼女に対して、くれぐれも自作自演のラヴソング入りＣＤなど贈らないように。

「マジきもいんだけど……」

そういわれるのがオチですから。

相手の利き五感を知る方法

自分の利き五感がわかったところで、次はいよいよ相手の利き五感を知る方法です。

「目は口ほどにモノをいう」という言葉があるように、じつは眼球の動きを見れば、その人の利き五感が、ある程度は予測可能なんです。

お客様の利き五感は、こちらが質問したときに視線がどこに行くかでわかります。たとえば、「お宅にあるのはどんな種類の掃除機ですか?」と尋ねたとき、上を向いて答えたら視覚重視の人、横を向けば聴覚重視の人、下を向けば身体感覚重視の人なんです。

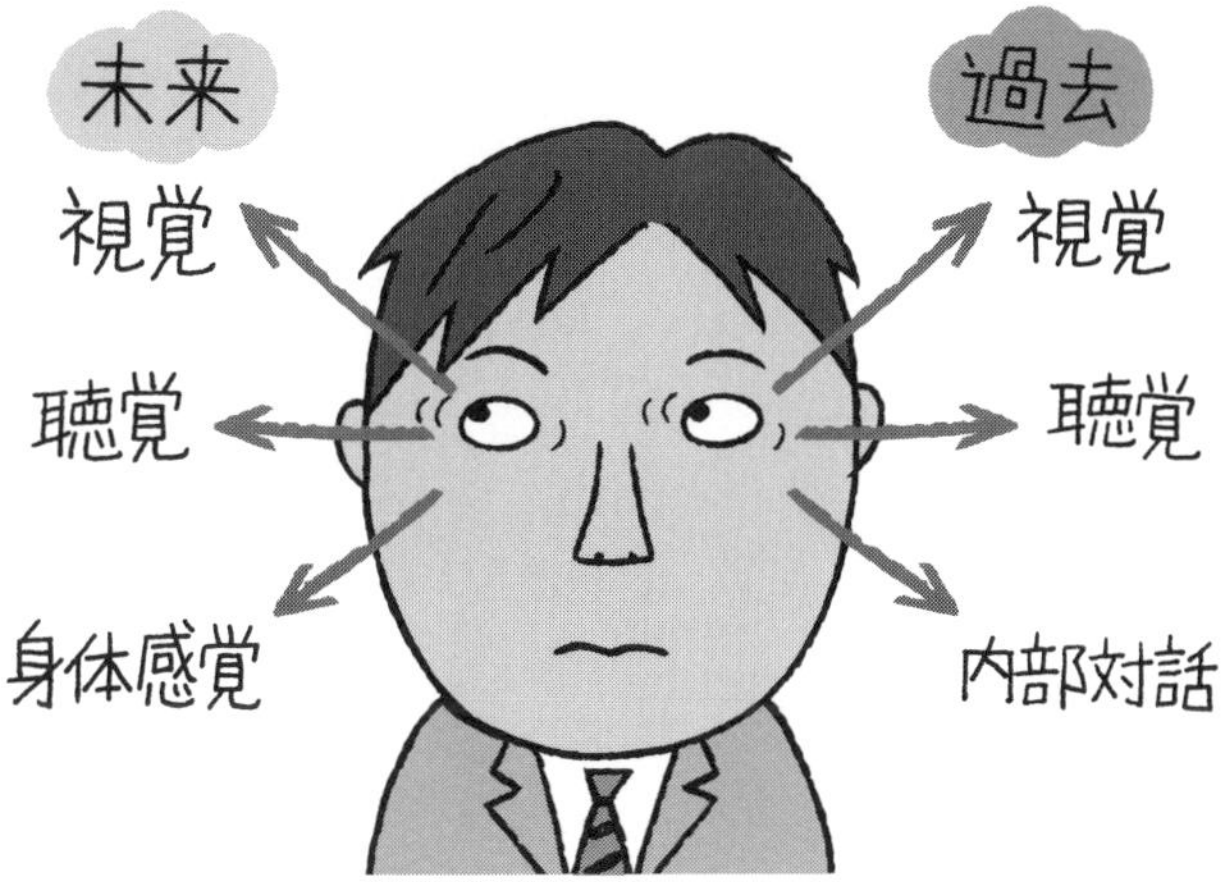

上図は、あなたから見て対面にいる相手です。

クセというのは、不安や恐怖を感じたときに出やすいので、会話中の質問に答えようとするときなどに、眼球が上下左右のどちらかに動きやすいので、それを見れば相手の利き五感がわかるというわけです。

視線が上に動けば**目**の人、横に動けば**耳**の人、こちらから見て左下に動けば**体**の人です。

実演販売中にお客様から質問を受けるときなど、視線をどちらかに動かしながらしゃべる人は結構多いですね。それが利き五感に関係あると知ってからは、その人のクセに合わせて言葉を選ぶようになりました。こうするだけで、こちらの印象がずいぶん違ってきます。

さらに、こちらから見て左側（本人は右側）

を向けば「未来」について考えているとき、右側（本人は左側）なら「過去」について思い出そうとしているときのクセです。

「青年よ、大志を抱け」のクラーク博士は、こちら側から見て左上（本人は右上）を指していています。なるほど、博士は「大志」、すなわち未来という「夢」を見ているんですね。将来の夢や架空の存在など、未来のイメージを考えるときには、人間は右側に眼球を動かすと想像がしやすいそうですよ。反対に、過去を思い出すときには左側を見る。やってみると、意外と効果がありますよ。

ちなみに、将棋の羽生《はぶ》善治さんは、次の手を読むときに右上を見ます。これが有名な「羽生にらみ」です。おそらく羽生さんは、その対局の棋譜を視覚的に盤面にイメージしながら、未来に起こりうる次の一手を読むために右上に眼球を動かしているのでしょう。

この眼球の動きによる利き五感チェックですが、右利きの人70％に当てはまるのだそうです。残念ながら100％ではありませんから、あくまでも目安として使ってください。

さて、実演販売をするときには「陣寄せ」が必要なわけですが、このとき一番寄せやすいのが**体**のお客様、身体感覚重視の人なんですね。

「利き五感」でいうと、目のお客様というのは、なるべく遠目から実演販売士の全身が見えないと安心できませんから、最初はなかなか近寄ってきてくれません。また、せっかく買う気になっているのに近寄るように声をかけてしまうと、逆に買う気をなくしてしまうこともあるんです。

耳のお客様はというと、実演販売士の前ではなく横につきたがります。そのほうが安心して実演に集中できるようです。でもそうなると人だかりが前にできないので、なんとなくおさまりが悪いんですね。

このことに気づいたきっかけがありました。利き五感のことを覚えたての頃、遠巻きに見ているお客様がなかなか近寄ってくれなくて困っていたときに、「噛みつきはしないので、前のほうに来てください」と声をかける相手を、ふと別の人に変えてみたんです。そうしたら、すっと魔法にかかったように寄せやすくなりました。

あとで声をかけたら近寄ってくれたお客様に対して、質問しながら視線に注目してみたら、その人はしきりと右下を見ていました。体の人だったんです。

「そうか、身体感覚重視の人は陣寄せしやすいのか！」

そのときに、「これは使える！」と思いました。それ以降は、買ってくれそうな2割のお客様（「2・6・2の法則」）の中から、**体**の人がいないかを探すようになりました。

お客様を近くに寄せようと思ったら、まずは**体**のお客様を見つけて声をかける。これは結構効きますよ。

五感のクセをセールストークに活用するには

「お客さん、何といってもこれが一番だよ!!」

お客様へのアピールでもっともわかりやすくて説得力があるのが「一番」という言葉。誰でも二番よりは一番を上位と判断しますし、一番が嫌いな人というのはいませんから、魅力的なのは当然です。

ところが、いまセールスの現場では、販売表現（＝表示）にさまざまな規制があって、この「一番」をストレートに使うことがきわめて困難な状況です。景品表示法や薬事法などの各種法令により、「一番」の合理的根拠が求められるからです。要は、それが本当に一番であるときちんと証明する必要があるということなんですね。でも、「世界で一番きれいに落ちる洗剤」といっても、それを証明することはほとんど不可能です。

そこで必要となってくるのが、「一番」という表現を各種法令に抵触しないほかの言葉に変換する能力です。そのときにヒントとなるのが「利き五感」なんですね。

目の人、**耳**の人、**体**の人のそれぞれに通じやすい言葉がありますから、それに合わせて言葉を変換します。すると、「一番」に匹敵する顧客誘引効果が得られます。また、そんな表現を使うことで、「一番」とストレートに伝えるよりも、胡散臭さやいかがわしさが消える場合もありますから、ぜひ知っておきたいところです。

●目の人は新しいもの好き

視覚重視の人は「世界初」が大好き。とにかく新しいこと。「新発売」や「バージョンアップ」はもちろんのこと、「最先端」、「近未来型の」といった表現を使うと、新しさや斬新さを強調できます。また、たとえ新しくはなくても、「孤高」の印象を与えることも**目**の人には効果的です。「独創的な」、「独特の」、「個性的な」、「職人技」、「職人気質の」といった表現で、孤高かつ希少性を強調できます。

「世界初の技術を搭載した」→「近未来の先端技術を搭載した」

「この独特な形状は、150年続いた匠《たくみ》の技でないと出すことができません。しかも、一つひとつが違う形になっているのです。ですからお買い上げになった瞬間に、これは世界で一つしかない、あなただけのオリジナルです」

とにかく目の人に対しては、人と違うカッコよさがあることです。それから忘れてはいけないのが、「幻の」、「○○ではめずらしい」、「○○オリジナル」、「一期《いちご》一会《いちえ》の」といった希少性の強調です。この世に一つしかないモノは、すべて高い価値があります。論より証拠、「見て見て見て！」です。

「このシステムキッチン、ステンレスのシルバーの見栄えがすごく美しくていいでしょう。形も流線型でかっこいい。しかも、収納も大きいのでたくさん入りますし、整理整頓もしやすいので清潔で衛生的なキッチンを演出できます。とにかく料理している人がおしゃれに見えるシステムキッチンです」

「もはや獲ることができない幻の真珠。一期一会のこの機会、とくとご覧あれ！」

●耳の人は口コミ好き

聴覚重視の人は、商品やサービスに対する周囲の「評判」に対して敏感です。たとえば、「人気がある」、「噂される」、「○○も使っている」、「○○も認めている」などの表現が有効です。また、耳の人は基本的に褒《ほ》められることが大好きなので、まわりの人からの評価を加えることによって顧客誘引効果をアップさせることができます。

「この包丁、切れ味は一番！」（一番はNG）

↓

「この包丁、料理人も認める切れ味！」

↓

「この包丁、料理人も認める切れ味！〝腕を上げたね〟と、ダンナに驚かれます!!」

そのほか、耳の人はみんなの意見を比較して一番を決めたいタイプです。その材料としての具体的な〝数字データ〟があるとより効果的です。また、人気ランキングも大好きですから、どうしても「一番」を使うのであれば、ローカルに限定してしまうことです。

「ここを洗浄すると熱効率が15％アップ。そうすると電気代が月１５００円も節約に。なんと昨年対比で売れ行きが20％もアップして品切れ続出！」

「丸の内の会社員１００人のアンケートで人気ランキング１位に輝いた栄養剤！」

●体の人は万能好き

身体感覚重視の人は、「これさえあれば、あとは何もいらない」という〝金の延べ棒〟的な安心感に反応します。ですから、「万能」や「多目的」が最高の称号です。応用例や使用例などを数多く提示すればそのニュアンスは充分に伝わります。さらに〝確実に使える〟という保証があれば、必ずしも「万能」である必要もありません。使ったときにどんな実感が湧くのか、どんな気分が味わえるのかを説明し、〝使える〟というイメージが強調されると顧客誘引効果が期待できます。

言葉なら「しっくり」、「フィット」、「ピタッと」など、ユーザーが実際手に取ったときを想像できるような表現をすることです。そして、それによってどういう「実感」や「気分」を味わうことができるのかを説明すれば効果的です。

「この洗剤、肌に触れても平気。だから使用用途が広がったのです」
「このモップは柄の部分がしっかりしています。ですから、力を入れて床を磨いても柄の部分が壊れる心配がありません。また、モップのブラシの部分が35本のラバーになっていて、雑巾を装着すると、まるで手のひらで雑巾掛けしているような手ごたえです。このモップを使うと『掃除したなあ』という達成感が得られるんですね」

こんなふうに「一番」という言葉を使わなくても、**目**、**耳**、**体**、それぞれのお客様へ商品の価値を増幅して伝えることができます。〝ポイントは利き五感〟。そのことをお忘れなく。

◎コラム◎　天才と利き五感

「利き五感チェック」で、「あるある！」と思ったら、間違いなくそれがあなたの利き五感です。これであなたの得意不得意がわかります。利き五感を活用して人とのコミュニケーションをとることで、話の糸口が見つかりやすくなり、ラポールも築きやすいはず。

ところでこの利き五感、じつは固定的なものではないんですね。目的が変わると、利き感覚も変わる場合があるんです。転職や配置転換、役職が変わるだけで、利き感覚に変化が見られることがあります。また、年齢によっても変わる場合があります。私の場合、10代の頃は視覚優位だったのですが、いろいろな経験をした結果、「見るもの聞くものは当てにならない」ということが肌でわかってからは、すっかり身体感覚優位になりました。

ちなみに、天才といわれる人たちには、利き五感という偏《かたよ》りがないようです。**目**、**耳**、**体**のすべてが鋭敏なんですね。モーツァルトは、名画や美しい彫刻を眺めるように曲を奏でることができたといいますし、アインシュタインは、聴覚的な数式を相対性理論という形で視覚化してみせました。

五感のすべてが鋭敏だと、いろいろなところで「気づき」が人よりも多くなり、問題解

決能力が高くなります。「天才」とは、誰もが気づかなかったことに気づける人のことですから。

じつは皆さんも、一度はそういう意味で「天才」でした。それは赤ちゃんのときです。何もが新しく、毎日が気づきの連続です。

スタートはみな天才、それからいろいろな経験を積んだ結果〝クセ〟がついて、現在の利き五感になっているんです。

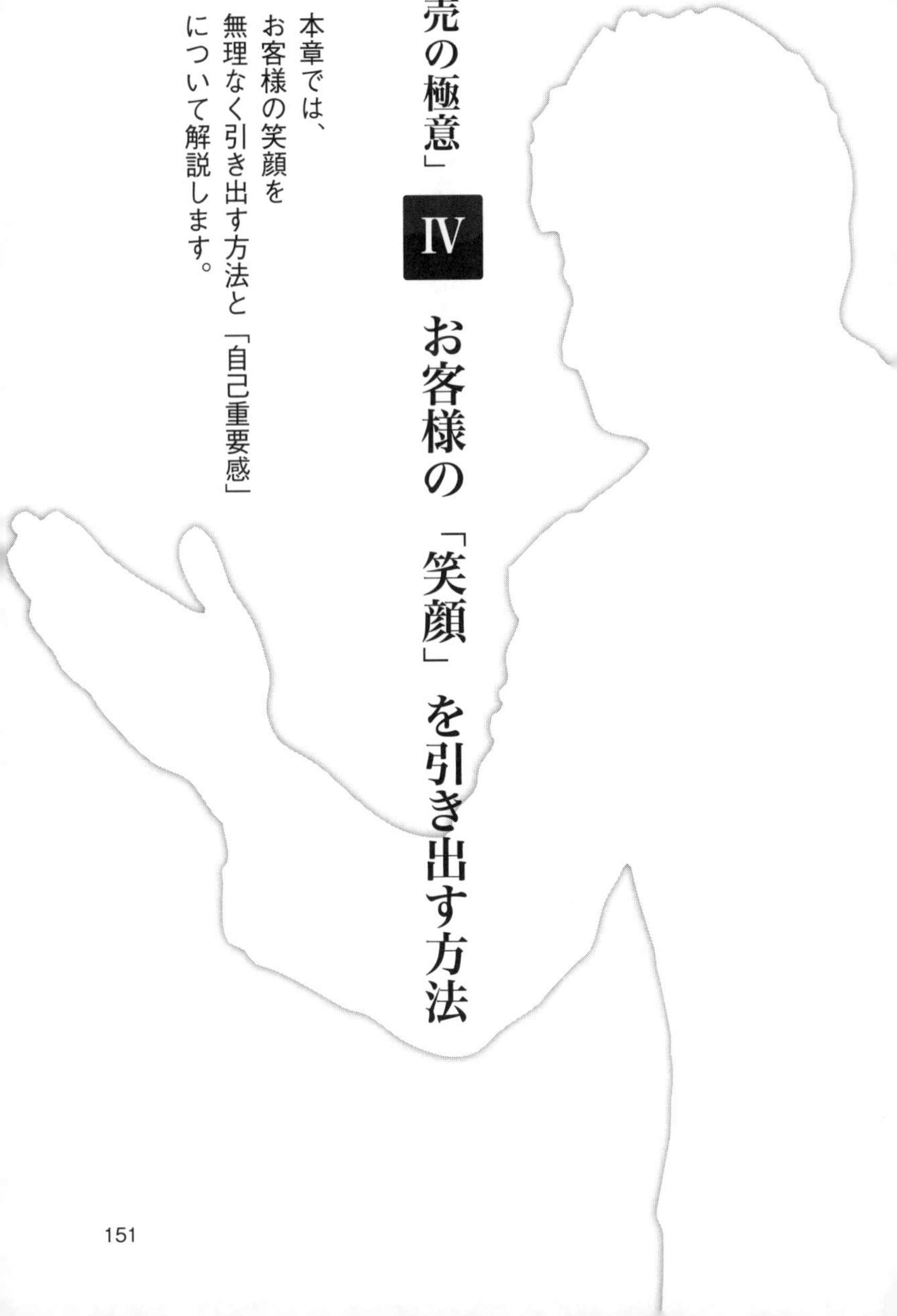

「売の極意」Ⅳ お客様の「笑顔」を引き出す方法

本章では、
お客様の笑顔を
無理なく引き出す方法と「自己重要感」
について解説します。

空気を読めない人に足りないもの

人を自然に寄せる「非言語メッセージ」の話、人間心理を巧みに操《あやつ》る「陣寄せ」、その具体的な方法の基礎となる「ラポールテクニック」と「序破急」、実践的なテクニックである「利き五感」の使い方などをこれまでにご紹介してきました。

いずれもコミュニケーション能力を最大限発揮するための知識や実践方法です。これらを活かすために覚えておいてほしいのが、〝話し手は聞き手の反応を絶対に見逃さない〟ということです。自分からの働きかけばかりに注意がいってしまうようでは、うまいコミュニケーションがとれるようにはなりません。相手の反応に対して、瞬時に、かつ的確に対応していく能力が大事なんですね。

ところで、空気が読めない人のことを「ＫＹ」などといいますが、最近はよく、「どうしたら空気を読めるようになりますか？」なんて訊かれることが多くなりました。私はそんなときこう答えています。

「お客様を褒めてください！」

褒め方セミナー
彼はどこも
ほめるところがない
貴重な人物です
空気
読んでる？
・・・

人を褒めるのは、じつは簡単なことではありません。褒めようと思えば、まずはお客様をよく見なければならない。それも、相手の外見だけを見るのではなく、内面の洞察も必要なんです。

空気が読めない人というのは、間違いなくお客様のことを見ていません。相手のことを見ていないから、すべてが自分中心になっている。

ですからまずは相手をきちんと見ること、しっかりと観察することが大事なんですね。

上手に褒めるには訓練が必要

それから、私が「褒めろ」といっているのは、「お世辞をいえ」という意味ではありませんよ。お世辞は必ずお客様に気づかれます。お客様からすると、お世辞というのはまったく見当違いなところを褒めている場合がほとんどだからです。

ちゃんとお客様を見るには、お客様を〝価値ある存在〟として心から認める気持ちが必要です。それがなければ、信頼の架け橋が築けるはずありません。むしろ上辺《うわべ》だけの褒め言葉は、どんなにそれを飾り立てたとしても、いや、飾り立てれば立てるほど、その裏にある本音の部分、要するに〝負のメッセージ〟のほうが漏れ出してしまうものなんです。人間の本能はそれを敏感に察知します。ですから、下手なお世辞など使おうとはせず、真《しん》摯《し》に話を聴くという姿勢を見せるほうがずっと賢明です。


さて皆さん、ここで胸に手を当ててわが身を振り返ってみましょうか。

「最近誰かを褒めましたか?」

「最近誰かに褒められましたか?」

おそらく、ほとんどの人が「ノー」と答えるはずです。日本人という人種は、本当に褒めるのも褒められるのも下手なんですよ。

実演販売士育成セミナーでは、「褒めるワーク＊」というのを行っています。徹底して相手を褒める練習をするのです。これによって、相手をきちんと観察する目を養うことができます。

このワークを実施して驚くのは、普段褒めたことがない人がとても多いということです。したがって、どうやって褒めていいのかがわからないんですね。ですから、彼らには褒め方のテンプレート(ひな型)を与えています。

『私はAさんの○○○○(環境や行動)が見えます(聞こえます)。
そして私はそれが好きです』
『私はあなたの○○○○から、あなたの△△△△(能力や信念・価値観)を感じます。
そして私はそれが好きです』

「私はあなたの瞳が見えます。そして私はそれが好きです」
「私はあなたの瞳からあなたの情熱を感じます。そして私はそれが好きです」

こんなふうに使います。ポイントは、いきなり相手の内面を褒めるのではなく、まずは

＊スマートフォンやiPadなど動画が見られる端末でワークの様子を見ることができます。

五感ベース（目、耳、体）で外面を褒め、それを梃子《てこ》にして内面を褒めるようにします。

この褒めるワークを実際にやると、ほとんどの人がポカポカと体温が上がり、頬を赤らめながら「嬉しい」といいます。みんなの頬が緩み、明らかに会場の空気が軽くなるんです。

年齢が上がれば上がるほど、嬉しさの度合いも高くなります。それはそうです。30を過ぎたいい大人が、人前で面と向かって褒めることも褒められることも、普段はなかなかあることではありませんからね。

特に褒めるのが苦手なのは男性です。男性の場合、自分の母親や奥さんを褒めるというのが、恥ずかしくてとてもできないんですね。実際、「どう褒めていいのかわからない」と誰もがいいます。

でも、そういう男性は、私にいわせればそもそも奥さんやお母さんのことをちゃんと見てもいないんですね。よくいるでしょ、奥さんの髪型が変わっても全然気づかないダンナさんって。気づいているのに口にしない人も罪深いと思いますが、そもそも気づきもしないというのは重罪ですよ。

奥さんにしてみれば、「私のことを価値ある存在として見てくれていないんだ」と思ってしまいます。そういうことの積み重ねがボディブローのようにじわじわと効いていって、いつしか夫婦間に埋めることのできない深い溝を作ってしまうんですね。
「褒めるワーク」のおかげで夫婦が末永く円満でいられるとしたら、私もセミナーに取り入れた甲斐があるというものです。

人は自分が価値ある存在だと認めたい、認められたい

人は本来、自分のことを価値ある存在だと思いたいものですし、他人からも認められたい生きものです。この感情を**「自己重要感」**といいます。生存欲、食欲、性欲、物欲、睡眠欲など、人間にはいろいろな欲求がありますが、そうした中でもっとも強いのが、この「自己重要感」です。

実演販売士がこれを利用しないはずありません。お客様の「自己重要感」をいかにして満たそうかと、お客様の反応を見ながらその機会をうかがっています。冒頭の実演口上の但し書きで、★印で示した箇所がそうです。

ここでいままで我々を育ててくれた全国のお母さんに感謝を込めて申し上げたいと思います。

おかあさん！　もう手荒れ、あかぎれ気にせずに洗剤を使うことができるんですよ。なんと女性の手から生活感がなくなるんです。うれしいですよね。

★客のこれまでの苦労をねぎらい自己重要感を高める

実演販売士にとって、「陣寄せ」と同じくらい重要だといっていいのが、この「自己重要感」を満たすような〝客イジリ〟です。

実演販売士育成セミナーでは、毎回パートナーや両親、つまり一番褒めにくい人を褒めるという宿題を出しています。これがスッとできないようでは、初見のお客様を褒めることなど到底できっこありません。

自己重要感を満たすために必要な二つの条件

自己承認でいっぱい！
オレってエライ！
自己重要感を得るには「他人からの承認」も必要です
承認のコップ

人の心の内には〝承認のコップ〟というものがあって、このコップが満たされると心も満ち足りるし、満たされなければ欲求不満になります。このコップを満たす中身には2種類あって、一つは**「他人からの承認」**、もう一つは**「自己承認」**です。

このコップは、どちらか一方の承認だけで満たすことはできません。比率（量）は違っていてもいいから、必ず自己承認と他人からの承認の両方が揃って、初めて満たすことができるんですね。

私は「自己重要感」の話をするとき、2大会連続でオリンピックのメダルを獲得した女子マラソンの有森裕子さんのことをいつも思い出します。バルセロナ五輪から4年、苦難を乗り越えて復帰した彼女は、アトランタ五輪で銅メダルを獲得して、「自分で自分のことを褒めてあげたい」という名言を残しました。

他人からの承認ももちろん大切なのですが、有森さんのように、何よりも自分で自分のことを価値ある存在だと認めるという自己承認が、じつはとても大切なのではないかと思っています。

なにしろ、自己嫌悪に陥っている人をいくら心から褒めてみても、その人は素直にそれを受け取ってはくれません。そういう人は、どんなことをしても心が満たされることがないんですね。ですから変な話、ちょっとナルシストぐらいでちょうどいい。

明石家さんまさんがテレビ番組を見ていて、「なんやこいつ、オモロイやつやなぁ」と思ったら自分だった、なんて話がありますが、こういう人は心が満たされていますから不幸にならないんですよ。

余談ですが、いま巷《ちまた》ではマラソンがブームです。じつは私も二度ほどフルマラソンを走ったことがあり、ゴールした瞬間は、まさに自分で自分のことを褒めてあげたい気持ちでいっぱいになってしまい、思わずポロポロと涙がこぼれました。「自己重要感」を満たすためには、自己承認のための努力を怠《おこた》らないことも大切なんだと思います。

たとえば、小さな子供が、お母さんやお父さんに「いい子だね」と褒めてもらいたくて一生懸命勉強するのも「自己重要感」を満たすためです。そうやって自分の価値を確かめるわけです。

ファッションに凝ったり、ブランド物を買い集めたりするのも、「自己重要感」を満たすための行為です。ブランドに興味がない人にとっては、「なんでわざわざ高い洋服を買うのかな？」と思うはずです。でも、ブランドのロゴが入ったバッグや洋服を持つことは、「自分は価値ある存在なのだ！」とアピールしたい気持ちの裏返しです。その是非はともかく、「自己重要感」の一つの満たし方だといえますね。

一方、あまり感心のしない満たし方もあります。たとえば、やたらと自慢ばかりする人。これは自慢することによって、自分を価値ある存在だと他人に認めさせたいということです。また、「なめられちゃいけない」とばかりに、わざと横柄《おうへい》な態度をとる人もいます。大学を出たばかりの新入社員がついついやりそうなことです。冷静に見るとすごく恥ずかしい行為ですが、本人はなかなかそのことに気がつきません。

こうした行為は、臆面もなく相手に「自己重要感」を要求しているわけで、他人の同情を引くために仮病をつかう人と変わりません。

さらに、他人をけなしたり、批判したりするのが好きな人も、いびつな形で「自己重要感」を満たそうとしています。他人を下げて自分を上げるという、姑息な「自己重要感」の満たし方です。

それから比較的女性に多いのですが、「噂をするのが好き」というのもあります。噂を流してニュースの発信源になることで、「自己重要感」を満たす……なんてことをいいながら、何を隠そう、実演販売士はほとんどがこのパターンです。なにしろ、「この世で初めて売り出す」ことへの欲求が人一倍強いのが実演販売士ですから。

とにかく、いい方法であろうが悪い方法であろうが、「自己重要感」が満たされることで、人は幸せを実感できるということを知っておいてください。

自己重要感とは喜びです。喜びとは、ずばり〝笑顔〟です。

恐怖の捕虜収容所

反対に、「自己重要感」が満たされないとどうなるか。そんな話をしましょう。

朝鮮戦争のときに捕虜となった米軍兵士の死亡率は、米軍史上最悪の38％だったそうです。捕虜収容所というと、爪を剥がしたり歯を抜いたりといった身体的拷問《ごうもん》を想像してしまいますが、そこではそうした拷問は行われず、食事もちゃんと三食与えられていました。ということは、食欲や睡眠欲、生存欲は満たされる環境にあったわけです。それなのに、捕虜たちは次々と死んでいったのです。

北朝鮮の捕虜収容所で行われていたのは、〝究極の兵器〟といわれる心理的拷問でした。具体的には次の四つです。

①自己批判の強制
②密告の奨励
③上官や国に対する忠誠心の剥奪《はくだつ》
④すべての言動の否定、および否定的情報の提供

たとえば①は、「私は本国でセックスとドラッグに溺れていました。自分は堕落した資本主義社会の申し子です」などといった自己批判を、捕虜全員の前で告白するように強要

することです。

人間というのは不思議なもので、たとえそれが本心ではなくても、いい続けているうちに事実であったかのように錯覚してしまいます。いわば記憶の捏造《ねつぞう》です。こうして自己嫌悪に陥るクセがついてしまうのですね。これは自らを価値ある存在と思いたい人間の欲求を強制的に拒むことであり、まさに自己重要感の破壊です。

②の密告の奨励では、密告した米軍兵士に煙草を与えたそうです。こうして密告が横行すれば、生死をともにした戦友であっても互いに信じられなくなる。ラポールの破壊です。これによって他人からも価値ある存在であると認められるような人間関係を遮断します。

③の忠誠心の剥奪は、心の拠《よ》りどころを奪うということ。人は山に籠《こも》って他人と会わなくても、信じているものさえあれば内部対話が可能です。もうひとりの自分と対話することで孤独にはならない。しかし、心の拠りどころを失うこと、求心力の喪失は、自分の立ち位置を見失わせます。自己喪失です。

最後に④の否定的情報の提供とは、よい知らせは教えず、悪い情報のみを教えるということ。「子供が生まれました」といった幸せな情報については検閲し、「奥さんが離婚したがっている」とか、「母親が死んだ」といった不幸な情報だけを知らせます。

人間の脳は空白ができると毎秒A４サイズ30ページ分の検索能力を発揮すると前に触れましたが、その高性能な検索エンジンをネガティブな方向に向かわせるのです。自分で自分を呪わせるように仕向けるわけですね。

こうして全員を孤立させ、互いに憎しみ合わせ、すべての人間関係を遮断し、「自己重要感」を枯渇させる。すると人は絶望する。絶望した人間は夢や希望を持てません。生きる意味すら見出せなくなる。すると、差し出される食事ものどを通らず、膝を抱えて自分の殻に閉じ籠り、やがて精神に異常きたしてゴロンと孤独死してしまいます。しかも、目立った外傷などありませんから、拷問が行われたようには見えない——一番嫌な死に方です。

人間というのはいかに精神的な存在であるかということですね。このように、「自己重要感」で人を生かすことも殺すこともできるんです。

現代の日本においては、「自己重要感」以外の欲求はすべて満たすことができます。しかし、核家族化が進み、少子高齢化が加速するこの国は、「コミュニケーション不毛」と叫ばれて久しい。笑顔をなくし、「自己重要感」を枯渇させる人々がとても増えています。

北朝鮮の捕虜収容所で孤独死する米軍兵士の姿と、都心のマンションの片隅で孤独死する独居老人の姿がダブってしまうのは私だけでしょうか。

そんな時代を反映してか、いま高齢者の万引きが増えているそうです。警察庁によると、平成21年の1年間に万引きで摘発された65歳以上の高齢者は、高齢者人口全体の25％に相当し、過去最多だったそうです。

その動機を見ると、従来のような「生活苦」以外では、「寂しかった」、「孤独だった」とする供述が目立ち、なかには遠距離に住んでいる息子や娘に迎えに来てもらいたいがために万引きをしたという例もありました。

実演販売の現場においても、高齢者からのクレームが増えていると感じます。話をよく聞いてみると、「誰かに話を聞いてほしかった」というケースがほとんどなんですね。

もちろん、これは高齢者に限ったことではありません。いまニュースとして流れてくる殺伐《さつばつ》とした犯罪のほとんどが、「自己重要感」の枯渇が原因となっているのではないかと私は思っています。

褒めるよりも高度な技術とは

さて、「自己重要感」を満たすことについて話してきましたが、じつは「褒める」こと以外にも有効な方法があるんです。何だと思いますか？　それはなんと「けなすこと」。

自己重要感とは、要するに承認のコップを満たせばいいのですから、それが「きれいな水（＝褒める）」であろうが、「泥水（＝けなす）」であろうが、どちらでも構わないのです。

「ケンカするほど仲がいい」という言葉があるように、悪口を面と向かっていい合える人というのは、傍目《はため》からはとても仲がよさそうに見えるものです。しかし、これは気心の知れた相手だからできることであって、お客様を相手にする場合には、「褒める」よりもずっと高度な技術が必要です。

芸人さんでいうと、毒蝮三太夫さんや綾小路きみまろさんがいい例です。いわゆる毒舌漫談ですね。相手をけなしながらも信頼の架け橋を築き、自己重要感を満たすのですから、まさに名人芸です。

実演販売士の中にも毒舌で鳴らす人がいます。

「この野菜ジュースを飲まないから生理がとまっちゃうんだよ、オバちゃん！」

そんなことを百貨店の売り場で、平気でいってしまうのですから、私にはとても真似できない芸当です。

とにかく、「自己重要感」にとって一番ダメなのは「無視」です。いじめで一番陰湿なのが「シカト（無視）」であるように、無視することは「自己重要感」を破壊して、絶望の淵に追いやる卑劣な行為です。

つまり、「自己重要感」で大切なのは〝見られている〟という実感なのです。

ちゃんと見られていることがわかるのであれば、極端な話、褒められようが、けなされようが、どっちでもいいということです。

客イジリ。マジでいじった!?

自己重要感を満たすことは、「陣寄せ」と同じくらい実演販売士にとって大事だといいました。その具体的な方法が、褒めたり、けなしたりして〝客イジリ〟をすることです。客イジリをして、「あなたをちゃんと見ていますよ、あなたを価値ある存在として扱っていますよ」というメッセージを伝えることなんですね。

あるとき、弊社の実演販売士に「客イジリしろ！」といったら、何を思ったのか、本当に妙齢のお客様のお尻を触っちゃったやつがいました。私はそういう意味でいったわけで

結婚してから40年
体重2バイ
物価は5バイ
女房の顔は
もうヤバイ！
ボクの仕事は
実演販バイ

はなかったのだけれど……。さて、そのお客様の反応はどうだったでしょうか？

警察に通報されたら痴漢行為で逮捕です。売り場の担当者に報告されたら、その実演販売士はもちろんのこと、弊社だって出入り禁止です。

しかし、彼もれっきとした実演販売士、ちゃんとお客様との間に信頼の架け橋（ラポール）が築けたのを確認した上で触ったそうです。

結果はというと、そのお客様は「女性扱いしてくれた」と喜んで、満面の笑みでその実演販売士から商品を購入してくれました。まんまとお客様の「自己重要感」を満たす客イジリに成功したというわけです。

臨機応変、そのときどきで最高のパフォーマンスを繰り出してみせるのが、私たち実演販売士の真骨頂。読者の皆さんにはとてもお勧めできる方法ではありませんが、そうしたフレキシブルな対応ができるようになれば一流の仲間入りです。

でも、くれぐれも真似などなさらぬように……。

「笑顔」で売るカリスマ実演販売士

本章の最後に、私が知る究極の非言語メッセージ、自己重要感の最高の満たし方、そのお話をしましょう。

かつて、「実演販売の甲子園」と呼ばれた場所がありました。いまはなき「秋葉原デパート」がその場所です。私がデビューした場所でもあります。

その秋葉原デパートの店頭に、「東の横綱」と呼ばれる人がいました。穴あき包丁で有名だった故川口隆史氏です。いまでこそ「秋葉原」といえば、ＡＫＢやオタクで有名な場所になっていますが、それよりずっと前に、「秋葉原」や「実演販売」という言葉を有名にしたパイオニアのひとりが川口さんでした。当時私は若手でしたが、川口さんとは売台を並べてよく実演販売をご一緒させていただきました。

とにかく、川口さんの包丁は恐ろしいほどよく売れました。商品がいいとか、場所がいいとか、そういうことを超越していましたね。本当に飛ぶように売れるんです。

でも、そばで見ていても最初は売れる理由がよくわかりませんでした。だって、包丁捌《さば》きは確かに上手でしたが、しゃべりが特別うまいわけではありません。それはマーフィー岡田さんもよくいっていました。

商品にしたって、こんなことといってはあれですが、たかだかスーパーでも売っている包丁です。どこででも買えますし、わざわざ包丁に穴があいているからといって、別にたかがそれだけのことじゃないかと、私なんかは思っていました。

しばらくして、私は川口さんの様子からではなく、お客様の様子から、川口さんの包丁が売れる理由がわかるようになりました。とにかくお客様を見ていると、すごく嬉しそうなんですね。

川口さんはお客様に商品を渡すとき、わざわざ箱から包丁を取り出して、新聞紙で試し切りをします。

「大丈夫、この包丁は実演で見せたようにちゃんと切れますよ、安心してください」

そう口に出していうわけではないのですが、そういわんばかりの「笑顔」とともに商品

笑顔は一日にしてならず
日々の精進あるのみ！
福

を手渡すんです。その「笑顔」を向けられたときのお客様の顔が、なんともいえない幸福感に満たされていたんですね。

　川口さんの笑顔は、純真とか純粋とか華《はな》があるとか、そういうのとはまったく違っていました。苦節何十年という時間と、その朴訥《ぼくとつ》とした人柄が作り出した、彫りが深くて味わい深い、まさに働く大人の「笑顔」でしたね。

　川口さんはよく、ほかの実演販売士から北京原人ならぬ「アキバ原人」などといわれていました。屋根のない秋葉原デパートの店頭で、雨の日も雪の日も猛暑の日も、ほとんど毎日のように包丁を売っていたからです。そんな風雪にさらされて形づくられた財産があの「笑顔」だったのです。その笑顔には言葉以上の説得力がありました。

お客様は最初、ふらりと立ち寄って陣に加わります。そのときにはまだ、「うまいこといいくるめられて買わされるんじゃないか？　だまされるんじゃないか？」そんな警戒心がある。しかし、川口さんのあの笑顔を見せられると、そんなものはどこかへ吹き飛んでしまうんですね。

それだけじゃありません。「安心・安全」とか、「好き」とかいうレベルをすっかり超えて、なんだか〝御利益《ごりやく》がある〟ようにさえ思えてくるんです。お客様はその御利益をもたらす「笑顔」に触れたいがために、まるで魔法にかかったかのように包丁を買い求めていたのではないか――私にはそうとしか思えません。商品の善し悪しではなく、川口さんの笑顔そのものが売り物だったのだと……。

私がいままで力説してきた「非言語メッセージ」の最終形が、この川口さんの「笑顔」です。「笑顔」には人をなごませ、心の武装を解除させる力がある。さらにやる気を引き出し、元気を与えてくれます。「笑顔」は愛と情熱の結晶なんです。

笑顔は実演販売士のみならず、モノを販売する人にとっては最大の武器です。お客様を笑顔にしたいのなら、自らが最高の「笑顔」を提供することです。

　相手を見てしっかりと笑顔を届けます。そのために、これまで紹介してきたさまざまな方法を実践してみてください。そうすればきっと、みんなが笑顔になれるはず。笑顔はお客様との太いパイプです。そこに曇りや陰りがあるとしたら、お客様との信頼の架け橋を築くことはできませんよ。

　どんなに厳しい状況でも「笑顔」を絶やさない強さが実演販売士には必要です。モノを売る人間にとって、それは共通の課題だと思っています。

往年の秋葉原デパートの風景

「売の極意」

V 売れるセールストークの作り方

本章では、実演販売における「セールストーク」（＝実演口上）の作り方について解説します。

セールストークに台本は不要!?

「実演販売士の話す言葉は生きていますよね！」と、よくいわれます。そして、「生きた言葉をしゃべるから売れるのでしょう？　そのコツは何ですか？」と続きます。面倒なので私はいつも、「いい加減だよ」と答えています。

じつはこれ、ちゃんとした答えになっているんですよ。その話をしていきましょう。

生きた言葉をしゃべる自信がない人というのは、事前に完璧な台本を準備して、その通りに話そうとします。それができれば100点が取れる、聞き手の心が掴めると思っています。

でも、それは完全な間違いです。言葉は聞き手に伝わって初めて生きてくるものですから、自分の頭の中でこしらえた台本ではなく、聞き手の心理に沿っていなければ意味がないんですね。

もちろん、話す前に台本を用意し、話を整理しておくことは無駄ではないし、「叩き台」

として台本を覚えることも、「言葉の引き出しを余分に作っておく」という意味では有意義でしょう。でも、生身の聞き手が目の前にいるにもかかわらず、台本を間違えないことで100点を取ろうというのはおかしな話です。聞き手をまったく無視しています。だから、〝いい加減〟にやるべきなのです。

聞き手の心理に沿うというのは、私流にいえば、「序破急」を駆使して、聞き手がこちらの話を理解できるように心理的手続きをしっかりと踏むことです。そうすれば、聞き手が必要とする話は必ずできます。それが〝生きた言葉〟となるんです。

話し手は、頭の中にある台本を中心に話をするようではダメ。あくまでも全神経を聞き手に向けておくこと。そうしないと生きた言葉は出てきません。

実演販売士もしゃべるための台本＝実演口上を準備します。でもそれは、あくまでも机の上で書いたもの。最終的には〝聞き手の顔の上〟で書くものです。

たとえば、落語家は客電（客席の照明）がついていないとしゃべれないといいますね。なぜなら、お客様の顔が見えないからです。同じように、実演販売士もお客様の顔が見えないとしゃべれません。最近では、テレビ通販に出演する実演販売士も多いのですが、お客様の顔の代わりに、カメラのレンズに向かってしゃべらないといけなくなると、途端にしゃべれなくなる人が結構います。

「相手の反応がコミュニケーションの成果である」

ＮＬＰでもそんなふうにいっていましたが、まさに話をする上で重要なのは、聞き手の反応なんです。反応が見えないから話ができないし、あるいは相手の反応を見ないから、いい話ができないんですね。

パソコンや机の上で作った実演口上は、単なる「叩き台」です。それを役者のように覚えて忠実にしゃべっても、現場ではまったく通用しません。それは生きた言葉となりませんし、必ずお客様に粉砕されます。

実演口上作りは、お客様との共同作業

実演販売士は、叩き台の話をズタズタに崩されてからが本領発揮です。お客様の反応を見て、トライ＆ゴーを繰り返しながら、より価値の高い内容にその場で再構築していくんです。ですから、実演口上は常に書き換えられ、更新されます。その実践の中で生き残っ

た言葉が「実演口上」になるというわけです。

つまり、実演口上とは「記録」なんですね。お客様の心に響く言葉の記録。実演口上を作ることは、私たちとお客様との共同作業なんです。

不思議なもので、トライ&ゴーを繰り返していくと、どの商品でも必ず一つの「卓」に収斂《しゅうれん》していきます。そうやって一度仕上がった「卓」というのは、時や場所、聞き手の知的レベルに左右されることがありません。これが私たちの目指す「売れる卓」です。何度聞いてもおもしろく、誰が聞いても熱くなる、定番中の定番です。

この実演口上の制作過程を時系列で見ると、

①実演口上の叩き台を作る
②お客様の反応を見ながら言葉を仕分ける
③実演口上を再構築する
④この工程を繰り返す

こういう形になります。これは〝言葉を磨く〟という作業です。したがって大変に時間がかかります。理想の「卓」になるまでには、「石の上にも3年」とよくいいますが、やはりその程度の時間がかかります。

それは、いいものを作るために必要な時間ではあるのですが、こんなことをしていたのでは、時代の変化というスピードには到底ついていけません。3年かかるところを、グッとスピードアップする。それが「聞き手の顔の上で書く」ということなんです。

24時間テレビ通販のMC（司会）さんは、1時間番組を毎日3、4本こなします。多忙な彼らに「台本」はあるのでしょうか。

私も以前よくご一緒させていただきましたが、放送1時前に商品の概要を出演者と打ち合わせし、放送時に使うフリップやインサートVTRを確認して本番に臨むというパターンが一般的です。事前に作られた台本を覚えて本番に臨む人というのは、私の知る限りひとりもいません。つまり、話す言葉は本番時にほとんどアドリブで行っているわけです。それでも〝立て板に水〟、見事に生きた言葉があふれ出てきます。

芸能人もほぼ同じだと思います。ドラマや映画は台本に沿って作られますが、バラエティー番組や通販番組などは、きちんと製本された進行台本があるにもかかわらず、それらはほぼ手つかずです。考えてみれば、人前で1時間も2時間もしゃべる人に、台本を覚えるなんてことがそうそうできるはずありません。

先に弊社所属のムッシュ中島というベテラン実演販売士の話をしましたが、その話もこれとまったく同じことです。事前に台本がなくたって、〝聞き手の顔の上で書く〟ことができれば何の問題もないのです。

聞き手の顔の上で書くというのは、押さえておくべきポイントをベースに、聞き手の反応を見ながら、序破急に沿ってより的確で効果的な言葉を連ねていくことです。

私にもできるのだろうか……そんなふうに思った読者の方、ご安心ください。この本は「聞き手の顔の上で書く」ことを前提に設計されています。すでにあなたはそのノウハウの大部分を手にしているはずなんです。あとは、ちょっとしたコツを掴めば大丈夫。その話をしましょう。

商品には隠れたストーリーがある

商品には必ず値段がついています。値段とは、価値に対する評価を金額であらわしたものです。モノが確実に売れる条件とは、すでに売れている既存の商品よりも、より便利に使えて（商品価値が高い）、しかも値段が安いことです。

私流にいえば、こうした商品は〝正義の味方〟として、お客様の前に登場するんです。冒頭の「実演口上」の8〜9ページにある但し書きがやっと登場しました。正義の味方の登場です。

■悪人登場（従来の洗剤）

油で油汚れを取るのが20世紀の洗剤です。ただ、油をそのまま海や湖に流すとお魚さんが死んじゃうでしょ。ですから油からできている洗剤も環境によくないといわれています。

■正義の味方登場（新洗剤）

そこで21世紀の洗剤。こちらは水でできております。こちらのフリップをご覧ください……

正義の味方には、必ず〝悪者〟という相手が存在します。この場合の悪者とは、すでに売れている既存の商品のことを指します。

仮にAという商品があったとしましょう。あなたはAがとても気に入っていて、いつもこれを買っています。ところが、そこにAよりも優れた機能を持ち、しかも安いBという商品が登場しました。あなたは当然Bに乗り換えます。このとき、「善悪」という二元論的な考え方でいけば、このBがあなたを助けるためにあらわれた〝正義の味方〟であり、以前使っていたAは、あなたを苦しめる（苦しめていた）〝悪者〟ということになるわけです。

新商品というのは、正義の味方として悪者という旧商品を駆逐する形で登場する――お気づきでしょうか？　これは大衆にウケる〝勧善懲悪のストーリー〟なんです。商品には必ずこのストーリーが隠されています。勧善懲悪のストーリーがない商品は存在しません。

こうなると、話し手がしゃべる内容も必然的に決まってくるんですね。わかりますか？その商品の勧善懲悪ストーリーをあぶり出して、おもしろおかしく伝えればいいんです。そうすれば、間違いなくウケます。これが〝聞き手の顔の上で書くコツ〟です。

要するに、ストーリー展開は大体最初から決まっているので、そんなに難しいことはないわけですね。

さて、ではどうやって勧善懲悪のストーリーをつまびらかにしていけばいいのか？

商品というのはあくまでも「手段」です。お客様の問題や矛盾を解決し、お客様が望む結果・ゴールを達成するための手段。そういう前提がないと、いくらおもしろおかしく勧善懲悪のストーリーを展開しても意味がありません。何がお客様にとっての「悪」(問題や矛盾＝空白)であり、何がお客様にとっての「正義」(＝望ましい結果・ゴール)なのかをはっきりとさせることが重要なんです。目的と手段を間違えてしまうと、せっかくの勧善懲悪のストーリーが、単なる売らんがためのウソになってしまいます。

整理すると、「聞き手の顔の上で書く」前に明確にしておかなければいけないのは、次の四つです。

①お客様の問題や矛盾(＝悪)
②お客様が望んでいる結果・ゴール(＝正義)
③その目標達成にとって障害となる商品(＝悪者)
④その目標達成にとって貢献する商品(＝正義の味方)

商品のストーリーには必ずこの四つの要素が存在します。逆にいうと、この四つが存在しない商品は〝売れない〟のです。

この①〜④に出てくる「お客様」を「聞き手」に、「商品」を「手段・方法」に置き換えれば、販売や営業のシーンだけではなく、コミュニケーション全般に適用可能です。

話す前にその四つをきちんと確認しておく。そうすれば、聞き手の顔の上で勧善懲悪のストーリーを書くことは簡単にできますよ。

気持ちのいいストーリーを展開する

では、前に出てきた「南極大陸のミネラルウォーター」を例に、その商品の勧善懲悪のストーリーをあぶり出してみましょう。まず明確にしておかなければならない四つの要素は、次の通りです。

①「悪」→人間にとって大切な水が、まずくて危険で体によくない

②「正義」→人間にとって大切な水が、おいしくて安全で体によい

③「悪者」→水道水
④「正義の味方」→南極大陸のミネラルウォーター

これを勧善懲悪のストーリーにするとこうなります。

健康にとって欠かせないのが水です。ところが、その水がまずくて危険で体によくないというのは問題です。（＝悪）

その水とは水道水です。水道水には塩素が入っていますから、カルキ臭くてまずい。それに塩素は体にもよくないのです。（＝悪者）

水は毎日飲むものですから、おいしくて安全で、体にいいほうが絶対にいい。（＝正義）

そこで登場するのが「南極大陸のミネラルウォーター」です。（＝正義の味方）

この「南極大陸のミネラルウォーター」は、軟水だから日本人好みの味です。南極の雪解け水だから安心安全で、しかもミネラルが豊富だから体にもいい。まさに、お水に求められるすべての要素を満たしているのが「南極大陸のミネラルウォーター」なのです。もう水道水を飲まなくていいんです。（**＝正義の味方が悪者を倒す**）

ただし、水は毎日飲むものですから、できれば水道水並みのお値段で手に入れたいものです。そこで、1ダースなら水道水よりも安いこのお値段でご提供したいと思います。（＝**正義の味方の勝利によって聞き手が正義を実現する**）

これが典型的な勧善懲悪のストーリーですね。

ただし、これはあくまでも机上の言葉なので、まだ言葉が生きているとはいえません。

これを聞き手の顔の上で書くと次のようになります。


水道水はカルキ臭くてマズイ！　何が入っているかわからない！　そうですよね。いま頷いていただいたお客様、どうもありがとうございます。蛇口をひねればそれしか出てこないんですから、皆さん我慢せざるを得ませんでした。

やはり、お水はおいしくて安全で体にいい、そんなお水がお望みですよね。だってお水は毎日飲むもの、家族みんなが飲むものですから。そんな家族の健康を守るべく、日々気を使っているお客様にご紹介したいのが「南極大陸のミネラルウォーター」。

じつはですね、この商品、ちょっと見づらくて大変恐縮なんですが、もうちょっと前

のほうに来ていただけますか？　ほらここになんて書いてあります？　そう軟水なんです。ちょっと飲んでみてください。おいしいでしょ。軟水ですから日本人好みなんですね。しかも文明の利器など何もない南極の雪解け水ですから、安心安全、放射能を気にする必要もありません。さらに、日本の水では得られないミネラルも豊富に含まれていますから体にいいんです。まさに皆さんがお望みの三大要素がすべて含まれているのがこのお水なんですね。

今回は、一つにつきこのお値段でご紹介しています。１本にしては意外と高いなとお思いの方、いやいや、１ダースでこのお値段ですよ！　水道水より安いです。お客様、振り向けばレジ。家族の健康はその小さな一歩から。

いかがでしょう。言葉がすべて聞き手に向いているのがわかるでしょうか。伝えるべき言葉を伝えるべき人に直線的に発しているので、言葉が生きてくるわけです。言葉は通じてナンボです。

このように、勧善懲悪の四つの要素を明確にして、実演販売のノウハウを織り交ぜて、勧善懲悪のストーリーで展開すると、自然と聞き手の心理的手続きに沿う形、すなわち「序破急」の流れになっていくんですね。

まとめます。商品には勧善懲悪のストーリーが隠されています。そのストーリーは「序破急」を前提としていて、人間の「脳」に自然と寄り添う形で展開されます。

そもそも「序破急」は、人間の感情に沿ったものですから（快楽原則）、勧善懲悪のストーリーにもそれが当然含まれているわけです。人気時代劇の「桃太郎侍」や「遠山の金さん」、「水戸黄門」といった、いわゆる定番の勧善懲悪のストーリーがいつまでも愛され、かつ物語の王道を歩み続けたのは、それが心理的手続きを毎回きちんと踏んでいたからです。〝お約束〟が毎回きちんとあることで、見ている誰もが気持ちよくなれたのです。

事前に台本を作って覚え、聞き手の顔を見もせず、自分の頭の中にある原稿を思い出しながら間違えないように話をする……そんな必要はまったくないし時間の無駄です。おわかりいただけましたか？

まずは勧善懲悪の四つの要素だけ確認する。あとはその四つをもとにして勧善懲悪ストーリーをおもしろおかしく、自由自在に展開すればいいんです。

聞き手と信頼の架け橋を築きながら勧善懲悪のストーリーを話していると、自分でも信じられないほど、素晴らしい言葉が次々にあふれ出してきます。

新商品開発コンセプトワーク

それでは最後に、読者の皆さんにはこの本の総まとめとして新商品を開発してもらうことにしましょう。

「えっそんな、商品開発なんてできません！」

そう思った方、図面が引けなくても、技術的な裏づけがなくても大丈夫です。世の中には、捜せば商品を作ってくれる人が必ずいますから。むしろ、売れるコンセプトを作り、その商品を売り切ることができる人のほうが少ないと思いますよ。

じつは、私はこれまでにいろいろな商品の開発に携わってきました。自分がどうしても売りたくて、「私が責任を持って売ります！」といって、メーカーに作ってもらったものがいくつもあります。自慢するわけではありませんが、私が要請して生まれた商品で、いままでハズレは一つもありません。すべてがヒット商品になりました。

前に出てきたWさんなどは、私のようにメーカーに商品を作ってもらうように頼むのが面倒だから、自らメーカーの社長さんになってしまったというわけです。

あまり難しく考える必要はありません。とにかく楽しんでやってみましょう。

最初に、皆さんに17の質問をします。この質問に答えるだけで、この本の売れるノウハウに寄り添った、売れる新商品のコンセプトをまとめることができます。

先ほど皆さんには、勧善懲悪ストーリーの四つの要素、「悪と正義」、「悪者と正義の味方」を確認してくださいとお願いしました。17の質問も、この四つに関する内容が中心なんですが、新商品開発なのでもう少し詳しく訊いていくことにします。

それでは始めましょう。

【ニーズの掘り起こし】

①現在皆さんが抱えている「?」は何ですか?

②皆さんにとって、なぜこの「?」が空白なのでしょうか?

③この「?」は、いつ頃から抱えているのでしょうか?

④なぜこの「?」が起きたのでしょうか?

⑤a.いままで「?」をクリアにしようとしてうまくいかなかった商品はありますか?

b.その商品がとっている手段・方法がうまくいかなかった理由は何でしょうか?

⑥この「?」は皆さんにとってどのような影響がありますか?

⑦この「?」をクリアにして、望ましい状態、ほしい結果とは何ですか?

---

①空白を明確にして現状を把握

②空白の種類を規定。「?」=「悪」なら「?」=「問題」「矛盾」

③現状の原因がどの時点の過去かを特定

④何が原因かを確認

⑤a.悪者としてやり玉に挙げる過去の商品を明確化。これがはっきりしないと値段がつけられない。悪者は売れていればいるほどマーケットが広い。強敵だが旨味も多い

⑤b.うまくいかなかった理由を明確化。目標達成のために悪者が持つリソース(資源)に何を追加すればよいかわかる

⑥甘んじている現状を把握

⑦現在のあるべき状態や望ましい未来を明確化。必ず肯定的な表現で答える

【魅力的な商品の設定】

⑧皆さんの「?」をクリアにし、手に入れたい結果・ゴールを達成する商品は何ですか? 誰も考えつかなかった、アッと驚く商品を「副題」をつけてご提案ください。

⑨a・いままで皆さんの「?」をクリアしようとしてもうまくいかなかった商品が、すでに持っているセールスポイントを挙げてください。

b・皆さんの「?」をクリアする上で、その商品に足らなかったセールスポイントは何ですか?

⑩皆さんの手に入れたい結果・ゴールを達成するために提案する商品の、いままでにないセールスポイントは何でしょうか。最低でも三つ挙げてください。

a・「オンリーワン」のように目立って独創的な特

---

⑧副題=商品コンセプト。この段階では商品名より副題のほうが重要

⑨悪者のセールスポイントと不足点を明確化。

「なぜ悪者ではダメで正義の味方ならOKなのか」を比較検討する材料

⑩正義の味方が悪者よりも優れているセールスポイントを五感ベースで明確化

徴とは？

b・「ナンバーワン」のように他のモノよりも優れている特徴とは？

c・「オールインワン」のようにいろいろな場面で使える万能性のある特徴とは？

⑪そのセールスポイントをアピールするには、どのような実演道具を使って、どのような実演イベントをすればよいでしょうか？

a・「オンリーワン」

b・「ナンバーワン」

c・「オールインワン」

⑫ユーザーがその商品を使って達成される結果は、いつ、どこで、どんな人と得られるでしょうか？

⑬その商品を購入したユーザーが、その商品を使って結果・ゴールを手に入れるとしたら、具体的に

---

⑪正義の味方と悪者の違いがわかる五感ベースに訴える実演道具と実演イベントを明確化

⑫未来のどの時点で勝利するかを確認

⑬⑭どうなると正義の味方の勝利といえ

五感ベースでどのようにわかりますか？
a・何が見えますか？（目）
b・何か聞こえますか？（耳）
c・どんな実感が得られますか？（体）
⑭ユーザーがその商品を使って希望の結果を手に入れることによって、ユーザーの日常生活にどんな影響があるでしょうか？　ユーザーの周囲、環境はどう変化しますか？
a・肯定的な部分
b・否定的な部分
⑮皆さんが手に入れたい結果・ゴールを達成するために、その商品を使うことをためらわせる理由は何だと思いますか？
⑯a・皆さんの手に入れたい結果・ゴールを達成することにはどんな意味があると思いますか？　立

るのかを明確化し、勝利のゴールテープを設定

⑮不安を払拭するために客がその商品を使うことをためらう理由を明確化

⑯行動を起こすための理由を建前と本音の両面で明確化。客がその商品を買ったときに批判された場合の「理論武装」に必要

派な「建前」を教えてください。

b:皆さんが手に入れたい結果・ゴールを達成すると具体的に何が得られますか？　誰にもいいたくない「本音」を教えてください。

⑰皆さんはその結果を得るためにその商品を使わなければいけないのですが、

a:その値段いくらでしょうか。それは妥当ですか？

b:値段をつける上で比較対照する商品は何ですか？　その商品はいくらですか？

いかがでしょう、質問への解答は出ましたか。

ところで、勧善懲悪ストーリーは基本的に「正義の味方」と「悪者」がセットなんですが、商品によっては悪者がはっきりしない場合もあります。世の中に初めて出てきた商品で、比較するものがはっきりしない場合や、すでに売られている商品であっても、それを

---

⑰値段設定。値段は悪者との比較対照で決まる。悪者より使用価値があり安ければ、正義の味方は悪者を駆逐できる

悪者扱いすると誹謗中傷につながり、かえってお客様と信頼の架け橋を築くことができない場合などです。

こういうときには、「悪＝仮説」、「悪者＝仮説の根拠」と見立てて進めていきます。あとは基本的に同じです。

商品も必ず「聞き手の顔の上」で開発する

質問①～⑰への解答が出たものとして先に進めます。

ここまでが準備段階で、一通り素材を取り揃えたというところです。この新商品コンセプトの素材を、今度は聞き手の顔の上でまとめ上げることによって、ようやく売れる新商品が開発できます。

この作業は、実演販売士育成セミナーでも、「新商品プレゼン大会＊」として行っています。17の質問に答えて新商品の素材を集めたのち、聞き手の顔の上でそれをまとめ上げる作業を行うのです。

どうするかというと、「序破急」に沿って、四つの要素に基づいたカンペ（カンニング

＊スマートフォンやiPadなど動画が見られる端末でワークの様子を見ることができます。

ペーパー）を作成し、あとはそれをもとにした新商品の勧善懲悪ストーリーを、アドリブでプレゼンします。その中で、聞き手の反応がよかった言葉だけが「卓」（実演口上）になります。「卓」ができれば鬼に金棒、高い確率で売れることは間違いなしです。

カンペはどんなふうに作るかというと、短い言葉の羅列とし、「てにをは」の入った文章にはしないのがポイントです。「キーワード」だけをメモるような感じです。最終的な「てにをは」は、聞き手の反応を見ながら、聞き手の顔の上でつけていきます。

実際の実演販売のときは、実演道具がこの「キーワード」の代わりになります。実演道具をいじりながら、そこで繰り広げられる商品の驚きと効果をお客様と共有しつつ、言葉を練り上げていくのです。

とにかく楽しんでください。最初は聞き手の顔の上で書くなんてできないと思うかもしれませんが、楽しんでやっているうちに簡単にできるようになります。動画を参考にしていただくと、要領がよくわかると思います。

とりあえず、これだけではよくわからないと思いますので、幻の新商品「南極大陸のミネラルウォーター」を使って、17の質問への解答を見ていきましょう。

【ニーズの掘り起こし】

①現在皆さんが抱えている「?」は何ですか?

↓食の安全。とくに水道水の安全性が不安だ。

②皆さんにとって、なぜこの「?」が空白なのでしょうか?

↓水道水には塩素が入っていたり、福島の原発事故の影響で放射能汚染されていたりするのではないかと不安だから。

③この「?」は、いつ頃から抱えているのでしょうか?

↓特に3・11(2011年)以降福島の原発事故以来。

④なぜこの「?」が起きたのでしょうか?

↓いくら国が定めた基準値以下とはいえ、塩素は「まぜるな危険」の表示もある薬品だし、放射能は間違いなく健康を害します。それらによって人間の生命維持に必要な水が汚染されれば生きていけないから。

⑤ⓐ.いままで「?」をクリアにしようとしてうまくいかなかった商品はありますか?

↓水道水や日本のミネラルウォーター。

ⓑ.その商品がとっている手段・方法がうまくいかなかった理由は何でしょうか?

↓水道水を作る浄水場は雨ざらしで、日本の天然ミネラルウォーターも同じ。放射能が入り込む余地がある。また、水道水はカルキ臭くてまずいから。

⑥この「?」は皆さんにとってどのような影響がありますか?

↓家族の健康維持。

⑦この「?」をクリアにして、望ましい状態、ほしい結果とは何ですか?

↓安心・安全なお水が水道水並みに安く手に入り、毎日安心しておいしく飲めること。

【魅力的な夢の設定】

⑧皆さんの「?」をクリアにし、手に入れたい結果・ゴールを達成する商品は何ですか? 誰も考えつかなかった、アッと驚く商品を「副題」をつけてご提案ください。

↓おいしい、安心、カラダにいい! 毎日飲むから「南極大陸のミネラルウォーター」

⑨ⓐ・いままで皆さんの「?」をクリアしようとしてもうまくいかなかった商品が、すでに持っているセールスポイントを挙げてください。

↓軟水だから日本人の体に合う。軟水だから日本人がおいしく感じる。

ⓑ・皆さんの「?」をクリアする上で、その商品に足らなかったセールスポイントは何

ですか？

↓安心安全！　軟水なのでミネラルが不足しがちで健康にいいとまではいえない。

⑩皆さんの手に入れたい結果・ゴールを達成するために提案する商品の、いままでにないセールスポイントは何でしょうか。最低でも三つ挙げてください。

[a]・「オンリーワン」のように目立って独創的な特徴とは？

↓日本の水では得られないミネラルが豊富に含まれているのでカラダにいい。

[b]・「ナンバーワン」のように他のモノよりも優れている特徴とは？

↓外国のミネラルウォーターだと硬水が多いのでおいしくない。南極のミネラルウォーターは日本から遠く離れているにもかかわらず軟水なので日本人好みの味。他のミネラルウォーターに比べると安い。

[c]・「オールインワン」のようにいろいろな場面で使える特徴とは？

↓日本から遠く離れているので放射能の心配をする必要がなく、安心・安全なので老若男女誰でも安心して飲める。日本茶に使ってもおいしい。

⑪そのセールスポイントをアピールするには、どのような実演道具を使って、どのような

実演イベントをすればよいでしょうか？

a：「オンリーワン」

↓栄養表示のフリップ。

b：「ナンバーワン」

↓この水を飲んでもらう試飲。硬水と飲み比べしてもいいかもしれない。水道水との値段の比較表。

c：「オールインワン」

↓製造工程の写真。日本茶での試飲。

⑫ユーザーがその商品を使って達成される結果は、いつ、どこで、どんな人と得られるでしょうか？

↓買ってすぐ。家庭で。家族と一緒に。

⑬その商品を購入したユーザーが、その商品を使って結果・ゴールを手に入れるとしたら、具体的に五感ベースでどのようにわかりますか？

a：何が見えますか？（目）

↓家族の笑顔。

b．何か聞こえますか？（耳）

↓意外と安いね。おいしいね。子供が遊んでいる声。

c．どんな実感が得られますか？（体）

↓原発関係のニュースを見ても動揺しない。ホッとできる。

⑭ユーザーがその商品を使って希望の結果を手に入れることによって、ユーザーの日常生活にどんな影響があるでしょうか？ ユーザーの周囲、環境はどう変化しますか？

a．肯定的な部分

↓3・11の不安から解放されて家族の明るさが取り戻せる。

b．否定的な部分

↓置き場所に困る。おいしすぎて逆に水道水より高くつきそう。

⑮皆さんが手に入れたい結果・ゴールを達成するために、その商品を使うことをためらわせる理由は何だと思いますか？

↓ミネラルウォーターの置き場所。業者の安定供給システム。

⑯a．皆さんの手に入れたい結果・ゴールを達成することにはどんな意味があると思いますか？ 立派な「建前」を教えてください。

↓家族の健康維持。

b：皆さんが手に入れたい結果・ゴールを達成すると具体的に何が得られますか？　誰にもいいたくない「本音」を教えてください。

↓お金の節約と日本では得られないミネラルによる美容効果。

⑰皆さんはその結果を得るためにその商品を使わなければいけないのですが、

a：その値段いくらでしょうか。それは妥当ですか？

↓1ダースで○○円。ランニングコストが水道水より安い。

b：値段をつける上で比較対照する商品は何ですか？　その商品はいくらですか？

↓水道水。2か月で1万円ぐらい。

こんな感じになります。新商品に関しては、なるだけ身近なところで、普段から「こんなものがあったらいいのに」と思うようなものを取り上げてみてください。思わぬ大発明になるかもしれませんよ。

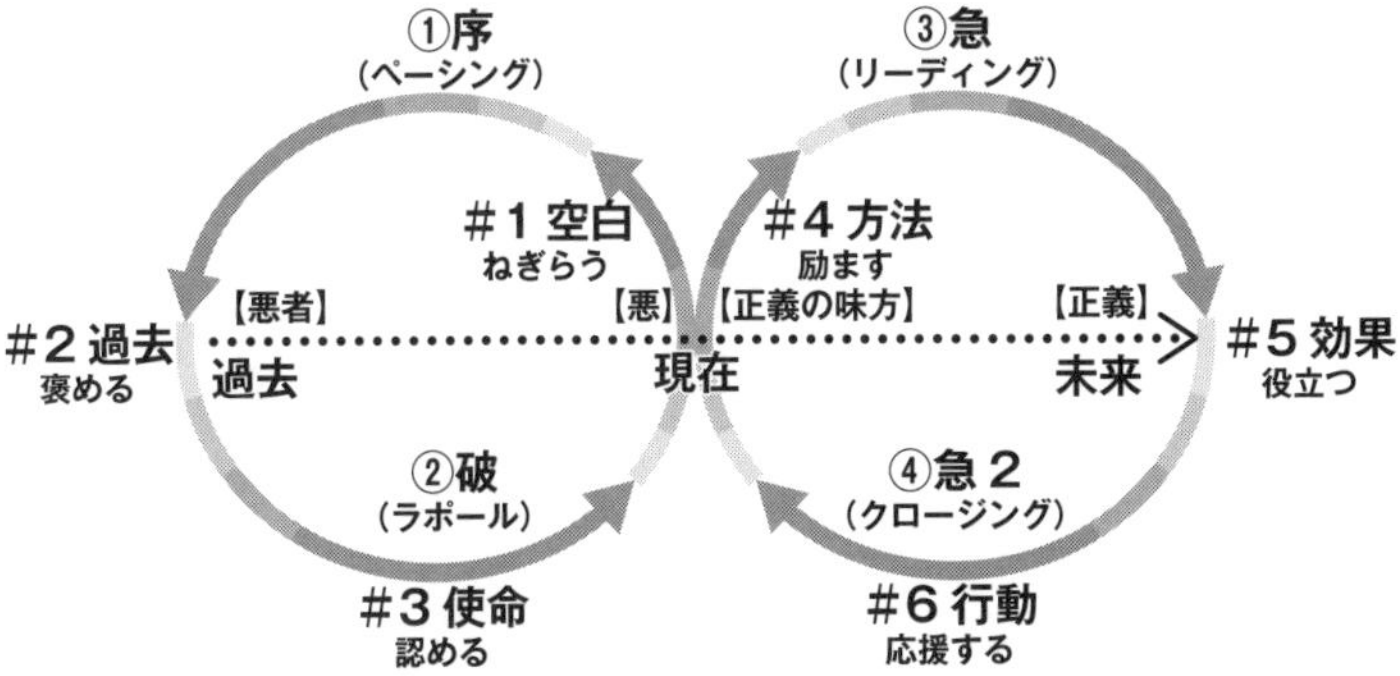

「序破急」の無限ループ
（インフィニティ・ストラテジー）

「序破急」に自己重要感を組み込んで完成形へ

では最後に、実演販売士が「序破急」の心理的手続きの流れの中で、お客様の「自己重要感」をどうやって満たしていくかを見ながら、実際の実演口上に仕上げていきましょう。

上図は、実演販売における「序破急」の流れをあらわしたもので、ＮＬＰで採用されている心理的手続き（インフィニティ・ストラテジー：無限の戦略）に、これまで本書でご紹介してきたいろいろな実演販売のノウハウを書き加えたものです。

図の＃の下にある小さな文字が、自己重要感を満たすための方法です。

#1空白　空白で悩んでいることを**ねぎらう。**
#2過去　過去に遡《さかのぼ》ってその空白の原因に気づいたことを**褒める。**
#3使命　望ましい結果・ゴールを共有し**認める。**
#4方法　使命を果たすために正義の味方が登場し、使命を受けた者を**励ます。**
#5効果　正義の味方が使命を果たすことに**役立つ**と理解する。
#6行動　自分の手で使命を全うできるよう正義の味方が**応援する。**

先ほどの新商品プレゼン大会では、この#ごとにキーワードを羅列したカンペを用意します。それを見ながら、勧善懲悪ストーリーをアドリブで作っていくのです。

じつは、こうして「自己重要感」という視点からこの勧善懲悪のストーリーをリライトしていくと、本当のヒーローは〝正義の味方〟などではなく、お客様自身であることがわかります。

どういうことかというと、先ほどは「正義の味方＝新商品」というふうに位置づけましたが、この場合の正義の味方は「メンター（師匠、あるいは教師）」として登場するのであって、それは本当のヒーローをサポートする立場なんですね。

ですから、コミュニケーションの相手（お客様や聞き手）に対して話し手は、真のヒーローは「あなた」であり、あなたこそが主人公、価値ある存在なのだと気づいてもらう必要があるのです。それが伝わったときに、聞き手の「自己重要感」を最高レベルで満たすことができます。

それでは最後に、幻の新商品「南極大陸のミネラルウォーター」の実演口上を、お客様の「自己重要感」を満たすという視点を加えて、再度書き換えてみましょう

★実演口上「南極大陸のミネラルウォーター」

お客様、見てください、透明で清らかな水！　なのに、飲むと水道水はカルキ臭くてマズイ！　何が入っているかわからない！　そうですよね。いま頷いていただいたお客様、どうもありがとうございます。誰だっておいしいお水が飲みたいのに、蛇口をひねればそれしか出てこないんですから、皆さんそれで我慢せざるを得ませんでした。その皆さんのご苦労、本当にお疲れ様です。

やはり、お水はおいしくて、安全で、体にいい、そんなお水がお望みですよね。だってお水は毎日飲むもの、家族みんなが飲むもの。それに気づかれた方はさすがです。安心安全はタダと思っている方が多い中で、水にこだわる方は意識が高いんですね。

そんな家族の健康を守るべく日々奮闘しているお客様を励ましたい、そんな思いでご紹介するのが南極大陸のミネラルウォーター。

じつはですね、この商品、ちょっと見づらくて大変恐縮なんですが、もうちょっと前のほうに来てください。ここになんて書いてあります？　そう軟水なんです。ちょっと飲んでください。おいしいでしょ。軟水ですから日本人好みなんです。

しかも文明の利器が何もない南極の雪解け水ですから、安心安全、放射能を気にする必要もありません。さらに、日本の水では得られないミネラルも豊富に含まれていますから、体にいいんですね。
まさに皆さんがお望みの三大要素がすべて含まれているのがこのお水なんです。お客様が切に願う、家族の健康に少しでもお役に立つことができるかもしれません。
今回はそんな家族思いのお客様を応援すべく、一つにつきこのお値段でご紹介しています。1本にしては意外と高いなあとお思いの方、いやいや！　1ダースでこのお値段ですよ。水道水より安いです。
お客様、振り向けばレジ。家族の健康はその小さな一歩から。

いかがでしょうか。この実演口上を実際にテストしてみて評判がよければ、いよいよ商品化に取りかかるという段取りです。

実際に読んでしまえばこれだけのこと。しかし、これはまだ叩き台の段階。現場に立ち、お客様の反応を見ながら、言葉の強弱やペース配分、身振り手振り、実証データの提示、商品紹介の実演などを織り交ぜつつ、これをさらに磨いていく。すると、冒頭の実演口上のようになっていくわけです。

こうしたトライ&ゴーを何度も繰り返すうちに、やがて「あなただけの卓」ができあがります。あなたの売りたい商品を、ここまでご紹介した〝売の極意〟をもとに、ぜひいま一度見直してみてください。明日から、あなたの営業が変わります!!

＊水道水、その他の商品を誹謗中傷する意図はありません。

あとがき● 実演販売士の真の役割とは

実演販売士の〝売の極意〟はいかがだったでしょうか。実演販売には、じつはこんなに計算された舞台裏があったのかと驚かれたのではないでしょうか。

私が主宰する実際のセミナーでは、もっと細かく、さまざまな理論や技術を教えています。結果もちゃんと出ていて、私が冒頭で紹介した実演口上は、テレビ通販での1日の売上が6500万円と述べましたが、いまでは1億円を越える売上を作っている社員が何人もいます。ですから、「ここは重要だ」と思うところは何度も読み返し、何度も繰り返して実践し、ぜひとも販売や営業に活かしてください。

最後に私の夢をお話ししましょう。私は、社会に再び明るい笑顔を取り戻したいと思っています。それが〝やさしさと感動を売って笑顔と感謝を稼ぐ〟実演販売士の使命だと思っているからです。

実演販売士というのは、決してメジャーな職業ではありません。正直、ちょっといかがわしい仕事というイメージがいまでもある。ところが、大学生の頃から足かけ25年以上この業界に携わってきて思うことは、

「これほど一生懸命に仕事をする人たちが、ほかにいるのだろうか？」

ということ。みんな本当に真面目に一生懸命なんですよ。

実演販売士の誰もが、やさしさと感動を売って笑顔と感謝を稼ごうと思っています。そうでなければ、こんな大変な仕事が続けられるはずがありません。お客様のためになるという〝真の喜び〟がなければ、正直続けられないシンドイ仕事なのです。実際、よこしまな考えを持つ人間は、「こんな仕事、割に合わない」といって辞めていきます。

そうやって淘汰され、磨かれてきたのが、いま第一線で活躍する実演販売士なんですね。私は彼らを誇りに思います。その苦労に報いるためにも、できることならひとりでも多く仲間を増やして、「実演販売士」が販売業のエキスパートとして認められるようになり、ゆくゆくは国家資格に――なんてことも夢想しています。

それはまだまだ先のお話です。でも、たとえ実演販売士にならなくても、やさしさと感

動を売って笑顔と感謝を稼ぐ人がひとりでも多く出てきてくれたらと願っています。それが笑顔社会を作ることにつながると信じているからです。

この本が、その第一歩になってくれることを心から願っています。

商品を作る人、商品を売る人、商品を買う人、どうか多くの人たちの「笑顔」のヒントになりますように――。

最後に、健康ジャーナル社の明石肇さんには、ゴツゴツとした原石のような文章をここまで読みやすくしていただきました。お礼申し上げます。どうもありがとうございました。

平成24年夏　　実演販売士　吉村泰輔

目 視覚重視の人（全体のうち7割を占める）

- □ 見るもの好き。テレビの画質にまでこだわる
- □ ものが見えないと途端にパニックを起こす
- □ 電灯がついていないと眠れない
- □ 極度の緊張や不安を感じると視界が狭くなる
- □ 自信があるときは視界が開けてくっきりと見える
- □ 面食い。見た目がＮＧだと恋愛対象にならない
- □ 自分の身なりや身のまわりの整理整頓を心がけている
- □ 結果が見えないとやる気が起こらない
- □ 見た目の派手さにもかかわらず行動は至って保守的
- □ 決して見えないリスクを負わない
- □ データが揃っていても効果の見えない商品には見向きもしない
- □ 頭の中で画像や動画を浮かべる
- □ 話すとき視線が上向き
- □ 早口でしゃべる。イメージが湧くたびに言葉を口にするので話があちこちに飛ぶ
- □ 話すのが面倒臭くなると「とにかく見て」という
- □ 暗記は映像的に覚える（何ページの何行目にこう書いてあった、など）
- □ 漢字を覚えるのが得意（漢字は形に意味があるから）
- □ 写真は「引き」で撮る
- □ 教室では後ろの席に座る（全体が見えると安心する）
- □ 子供の頃は「落ちつきのない子ねえ」といわれ、よく叱られた
- □ 言葉による指示が覚えにくい。指示行動が苦手

耳 聴覚重視の人

- □ 音楽好き。オーディオ好きの中でも特にスピーカーにこだわる。メロディより音質重視
- □ 電話好き。何時間長電話をしても平気
- □ 雑音があると集中できない。雑踏が苦手
- □ 自分が話題になったり褒めてもらったりするのが好き
- □ 恋愛中に「好きといって！」とよく口にする
- □ 誕生日プレゼントに自作の曲を贈ったり贈られたりするがOK
- □ 手紙や交換日記が好き
- □ 声の調子や言葉に敏感
- □ 同じ「好き」でも、相手の声が面倒臭そうだとわかると人知れず傷つく
- □ いわれたことをそのまま繰り返すことができる
- □ 指示されたこと以外には絶対にやらない。「気が利かない」といわれる
- □ 不安になるとやたらと自問自答をして独り言をいう
- □ 論理的で数字が好き
- □ データを重んじる傾向にあり頭がよさそうに見える
- □ 自分では科学的だと思っていて無神論者が多い
- □ 論理的な筋道を立てて考える傾向が強い。理屈っぽい
- □ 音に敏感なため、眼球はよく左右に動く
- □ 耳や口にやたらと触る
- □ 暗記は聞いて覚えるのが得意
- □ 英語が得意（英語は表音文字で音に意味があるから）

体　身体感覚重視の人

- □ 一緒に歩いていてやたらと顔を近づけてくる
- □ 写真や映像を撮影するときは、視覚優位の「引き」に対してこちらは「寄り」
- □ お触り好き。イチャイチャは男女問わず大好き
- □ 物事を判断するときは、合理的根拠ではなく「勘」に頼りがち
- □ 一つのことをじっくり味わうのが好き
- □ 月曜日のランチがおいしかったら金曜日まで同じメニューでも平気
- □ お店に入って「いつものやつ」と注文する
- □ 体を動かすことが大好き。筋肉好き
- □ 暗記は書いて覚える
- □ 感じながら話すので会話のテンポが遅い
- □ 話すとき視線は右下に動かしやすい
- □ 呼吸は深く腹式呼吸
- □ 早口で話されると情報処置が追いつかない
- □ 落ちついているので大物に見られる

【参考文献】
『「できる人」の話し方&人間関係の作り方』(箱田忠昭著　フォレスト出版)
『「あなたから買いたい」と言わせる営業心理学』(菅谷新吾、宮崎聡子共著　明日香出版社)
『実務入門　NLPの基本がわかる本』(山崎啓支著　日本能率協会マネジメントセンター)
『NLPのすすめ』(ジョセフ・オコナー、ジョン・セイモア共著　チーム医療)
『NLP―超心理コミュニケーション』(高橋慶治著　第二海援隊)
『言葉を変えると、人生が変わる―NLPの言葉の使い方』(クリスティーナ・ホール著　ヴォイス)

【参考セミナー】
「NLPプラクティショナーコース」米国NLP協会公認(ジーニアス・ブレイン)
「NLPスーパー販売心理学セミナー」(ジーニアス・ブレイン)
「NLPマスタープラクティショナーコース」米国NLP協会公認(ヴォイスワークショップ)
「NLPトレーナートレーニング」米国NLP協会公認(ヴォイスワークショップ)

吉村泰輔●よしむらたいすけ
1968年新潟県生まれ。國學院大學文学部卒。実演販売士。

株式会社コパ・コーポレーション代表取締役。

米国NLP協会認定トレーナーアソシエイション。

かつて「実演の聖地」といわれた秋葉原デパートで磨き上げたロジカルな実演販売は、現在も店頭・TV・インターネットで健在。エアコン洗浄剤、水の洗剤など数多くのヒット商品のパイオニアとして、実演販売界に新しい風を吹き込む。現在ソーシャル通販「ワォ!の王様」に自ら実演販売士として出演中。また、後進の育成にも力を入れており、実演販売士育成セミナーは20期を超え、受講生は120人以上。TVなど各方面で活躍している実演販売士を数多く輩出している。

■ ソーシャル通販「ワォ!の王様」
http://www.waoking.com
■ 実演販売士育成セミナー
http://www.copa-seminar.com/jistuen/index.html

アキバ発!「売《バイ》の極意」

ガマの油売りもドラッガーも思わずうなる!?

実演販売のプロが教える 古くて新しい「超絶の販売術」その5つの極意!

2012年10月31日 初版発行

著 者 吉村泰輔
発行者 高野達也
発行所 株式会社 健康ジャーナル社
〒170-0013
東京都豊島区東池袋5-40-9 サンユースビル2F
Tel 03-6907-2115 Fax 03-6907-2114
URL http://www.kenko-journal.com/
印刷・製本 シナノ印刷株式会社

ISBN978-4-907838-63-8 C0030
*定価はカバーに表示してあります。
*落丁・乱丁などがありましたら、弊社送料負担の上、お取替えいたします。